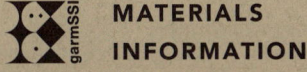

**MATERIALS
INFORMATION**

건축의
마지막 매듭

재료를 완성하는 건축 하드웨어

1999년 필라델피아 설계사무소에서 일하던 무렵, 벽돌로 마감한 대학교 건물의 도면 작업에 참여하게 되었다. 이형벽돌 한 장까지 꼼꼼하게 확대평면도를 그리고 있는데, 당시 나이가 지긋했던 어소시에이트 아키텍트Associate Architect, 마이크Mike가 옆에 앉더니 연필을 들었다. 그는 벽돌을 쌓는 원리, 하중과 진동을 견디는 긴결 하드웨어, 물을 처리하는 후레싱Flashing, 공기 순환을 위한 통풍구 등을 모눈종이에 자세히 그려가며 시공 방식과 역할을 설명해주었다. 벽돌 뒤에 일정한 간격으로 숨어 재료를 보조하는 '하드웨어'와의 첫 만남이었다.

재료는 어떻게 붙어 있는 걸까? 그 무게가 전달되는 방식은 무엇일까? 앵커는 어떻게 선택하고 설치할까? 이런 질문은 22년이 지난 지금도 하드웨어를 제대로 이해하지 못한 채 도면을 그리고 시공하는 이곳의 현실과 맞물려 있다. 비용 때문에 하드웨어를 설치하지 않는 건축 현장, 결국 몇 년 뒤 물이 새고 모르타르가 떨어져 나가거나 재료가 썩어가는 모습을 보며 마이크가 설명해주던 하드웨어에 대한 기억을 떨쳐버리지 못했다.

건축은 완공 후 시간이 지나면서 결과가 나타난다. 일부는 문제없어 보이다가도 균열과 부패로 좀먹어 대대적으로 보수해야 하는 상황을 맞기도 한다. 건축 하드웨어는 화려하지 않은 데다 겉으로 보이지 않아 많은 이들이 간과한다. 하지만 이 작은 부재는 재료와 재료를 이어주고 기울어진 바탕에 힘을 고르게 전달해 건물의 균형을 유지한다. 힘을 덜고 충격을 완화하며 부재를 단단히 붙잡아 비바람과 눈, 계절의 시간을 견뎌낸다. 하드웨어는 건축을 건축답게 구축하고 전체를 완결하는 매듭이 된다.

공간의 품격을 좌우하는 인테리어 하드웨어

1t이 넘는 유리문이 어린아이의 작은 손에 열리고 닫힌다. 높은 장을 쉽게 여닫도록 하며 잦은 충격을 흡수해내는 보석 같은 존재가 있다. 숨어서, 때로는 그 모습을 드러내며 공간 속 부분의 아름다움을 책임지는 인테리어 하드웨어가 그 주인공이다. 그들은 창호나 가구, 가전, 수전의 일부가 되어 기능을 수행하는 숨은 근육이자 화룡점정으로 공간의 분위기와 품격까지 좌우한다. 특히 최근 많은 요소들이 전자화, 제품화되면서 공간은 마치 하나의 완성품처럼 움직이고 연동해 반응한다. 공간은 결국 재료를 통합하고 하드웨어화 되는 방향으로 발전해나갈 것이다. 넘쳐나는 제품들 속에서 판단할 수 있는 기준을 세우고 기초적인 내용이라도 정리하고자 한다.

첫 시도가 모든 걸 만족시키지는 못하겠지만, 이 노력이 부족함을 채워가는 시작이 될 것이라 믿는다. 건축의 완성을 위한 재료 쓰임의 끝단, 하드웨어를 여기에서 시작한다.

–
2021년 3월
발행인 윤재선

발행 배포_ 에잇애플㈜

First published and distributed by 8apple ltd.

GARM magazine

에잇애플 주식회사
06032 서울특별시 강남구 도산대로25길 36 3층
3F, 36, Dosan-daero 25-gil, Gangnam-gu, Seoul, Korea
T: 02-537-1536
F: 02-537-1532
E-mail: info@8apple.kr
garmmagazine.com
ⓞ garm_magazine
ⓕ garmssi

감17 인테리어 하드웨어
GARM ISSUE 17 Interior Hardware

초판 1쇄 인쇄 2021년 3월 15일
초판 2쇄 발행 2022년 5월 31일

발행인_ 윤재선 | 기획 및 자문_ 정사은 | 자문_ 심영규
에디터_ 정신오, 정경화 | 디자인_ 스튜디오 베이스 | 참고도판_ 김지원
사진_ 이수연 | 교정·교열_ 하명란

발행처_ 에잇애플(주)
출판등록 2017. 4. 14.(제2017-000078호)
ISBN 979-11-89485-15-3 | 979-11-89485-13-9(세트)

GARM

감17
인테리어 하드웨어

GARM ISSUE 17
INTERIOR HARDWARE

garmSSI

재료에 생명력을 불어넣다

여러 종류의 건축재료를 소개하다 보면 "재료를 잘 알고 있으니 집을 꾸미는 일은 혼자서도 너끈하겠다"는 말을 종종 듣는다. 하지만 결코 그렇지 않다. 재료를 많이 알게 된 지금도 가구를 만들고 조명을 설치하는 일은 어렵고 멀기만 하다. 셀프 인테리어나 DIY가 유행처럼 번지고 있다지만 그 진입장벽은 여전히 높다. 공간을 만드는 행위가 단순히 재료를 고르는 것에 그치지 않고, 이를 조립하고 설치하는 무수한 과정을 필요로 하기 때문이다. 감 매거진 열일곱 번째 시리즈인 인테리어 하드웨어편은 스스로 개인의 공간을 구축하기 위해 내딛는 두 번째 걸음이다.

건축에서 구조적 안정성과 기능성, 심미성을 신경 쓴다면 실내 공간에서는 생활에 필요한 기능을 수행하는 것이 중요하다. 이를 구현하는 것이 바로 인테리어 하드웨어다. 공간의 출입을 제어하고 더위나 추위로부터 몸을 보호하는 것에서부터 앉거나 눕는 동작을 보조하고, 생활에 필요한 물건을 수납하는 일까지. 조물주가 곱게 빚은 흙에 숨결을 불어넣어 인간을 만든 것처럼 하드웨어는 판재, 봉재와 같은 부재에 움직임을 부여하여 문이나 창, 가구 등으로 쓰이도록 한다.

이렇듯 일상에서 사용하는 것 대부분에 하드웨어가 필요하지만 우리는 그 중요성을 인지하지 못한다. 하드웨어가 본래 서양에서 발달했을 뿐더러 국내 시장이 창호나 가구 같은 완제품 제조사를 중심으로 형성됐기 때문이다. 우리는 선택할 기회조차 없이 제조사에서 적용한 하드웨어를 창호나 가구 같은 완제품 형태로 구매해 사용한다.

하지만 하드웨어는 우리가 알아채지 못하는 지금도 발전을 거듭하고 있다. 그 모습은 공간의 정보를 실시간으로 출력하고 가구의 높낮이를 조절하는 등 각양각색이지만, 이들의 목적은 일상에 편안함을 더하는 것으로 모두 동일하다. 이제 하드웨어를 바로 아는 것이 곧 공간을 효과적으로 사용하는 열쇠가 되었다.

다행히도 인테리어 하드웨어는 아직까지 우리가 선택할 수 있는 영역에 있다. 온라인에서 제품을 구매할 수 있고, 작동 원리와 설치 방식도 쉽게 찾을 수 있다. 일부 브랜드에서는 적용 모습을 확인할 수 있도록 쇼룸을 운영하기도 한다. 하드웨어를 좀 더 면밀히 들여다보자. 종류와 쓰임새, 그들이 발전하게 된 산업적 배경과 새롭게 접목되는 기술까지. 이 모든 이야기가 당신의 공간을 한층 향상시키는 데에 든든한 근력이 될 것이니.

—
책임에디터 정신오

창 하드웨어는 창짝의 하중을 지지하고 개폐를 제어하여
실내 공간의 개방감과 쾌적함을 높인다.

문의 하드웨어는 목재, 유리, 금속 등의 소재에 움직임을 부여힌다.

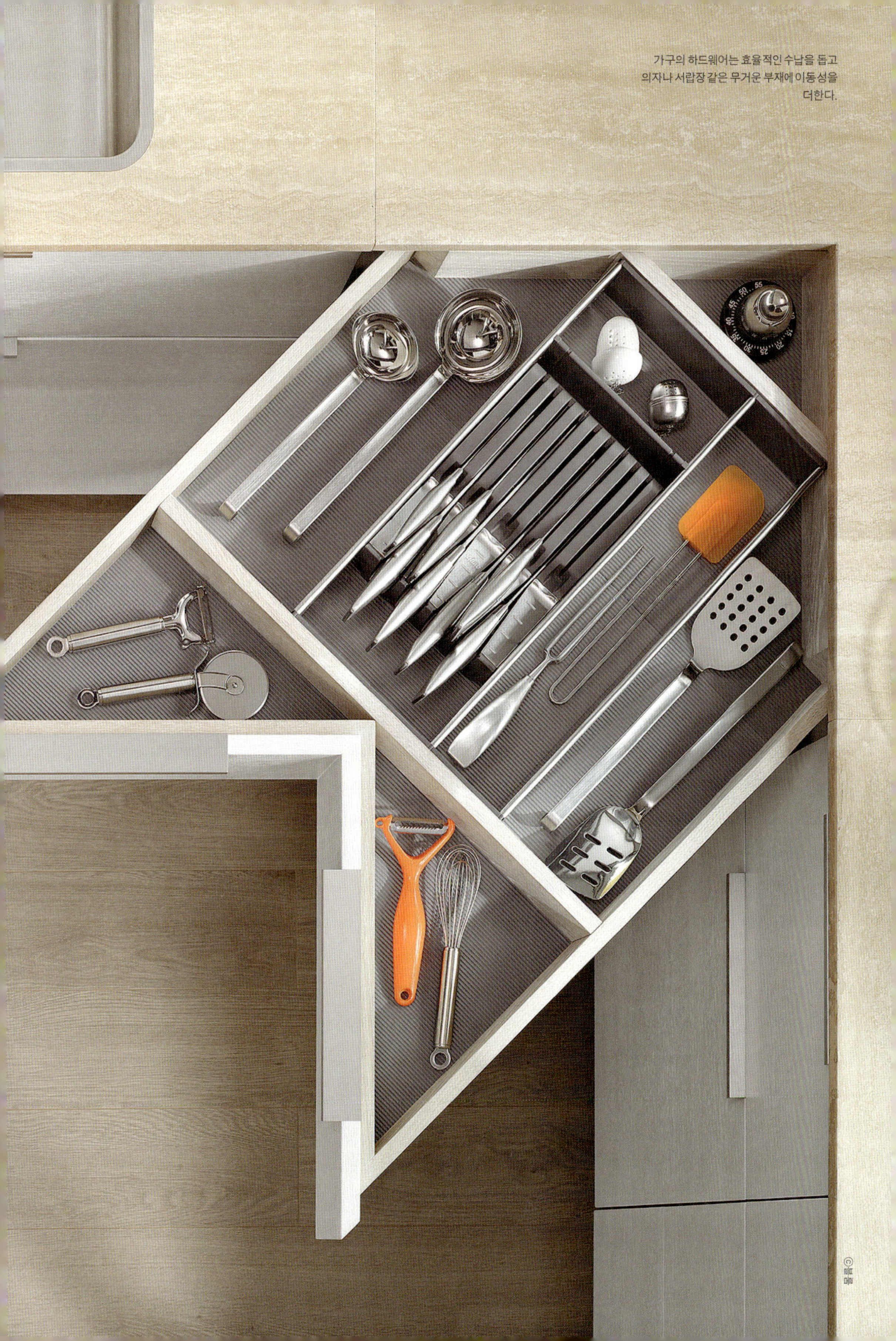

가구의 하드웨어는 효율적인 수납을 돕고
의자나 서랍장 같은 무거운 부재에 이동성을
더한다.

© 블룸

욕실 하드웨어는 작은 크기이지만 공간의 편리함과 분위기를 책임지는 중요한 존재다.
(왼쪽부터) 볼라Vola의 욕실 수전 FS1과 콜러Kohler의 아티팩트 Artifacts 시리즈 중 하나인 휴지걸이 제품.

G-U제공

빌드웰러 제공

94

130

1

INTRODUCTION OF INTERIOR HARDWARE

인테리어 하드웨어의 정의와 분류

실내 공간에서 하드웨어는 자재를 연결·고정하여 창호나 가구의 형태를 만들고, 목적에 맞게 구동하도록 돕는다. 공간에서 하드웨어가 수행하는 역할을 짚으며 인테리어 하드웨어를 이해하는 여정의 첫걸음을 떼어본다. 글 정신오

인테리어 하드웨어는 창호나 가구와 같은 실내 공간의 요소를 구동하기 위해 사용하는 철물을 뜻한다. 완공된 건물에 부가적으로 설치해서 사용한다고 하여 '설치 하드웨어Builders hardware'라고 부르기도 한다. 이들은 출입을 제어하고, 외기를 차단하여 공간을 쾌적하게 유지하는 역할 외에도 본체를 손쉽게 사용하도록 돕고, 때로는 공간에 아름다움을 더하는 장식 요소로 역할하기도 한다.

인테리어 하드웨어는 본체의 주요 기능을 수행하는 구동 하드웨어IHd와 이를 돕는 보조 하드웨어IHa, 그리고 이 둘을 본체에 접합할 때 사용하는 고정 하드웨어IHf로 구분한다. 구동 하드웨어는 개폐나 이동 같은 작동을 담당하는 장치. 축이나 바퀴의 회전력, 스프링의 탄성 같은 물리적인 힘을 이용해 본체의 목적에 맞는 움직임을 구현한다. 보조 하드웨어는 하중을 지지하거나 충격을 완화해 본체를 오랫동안 견고하게 사용할 수 있도록 돕는다. 반드시 필요하지는 않지만 함께 사용하면 편리함이 배가 된다. 마지막으로 고정 하드웨어는 스크류IHf01, 볼트IHf02와 너트IHf03 같은 패스너Fastener를 뜻한다. 이들은 건축 하드웨어만큼 높은 인장강도나 압축강도가 요구되지는 않지만 본체를 반복해서 움직여도 부재가 탈락하거나 손상되지 않도록 단단히 고정하는 결속력을 갖춰야 한다.

이번 책에서는 하드웨어를 적용 부위에 따라 문과 창문, 가구 그리고 욕실의 네 가지로 구분하고, 본체의 작동 방식에 따른 하드웨어의 조합과 각각의 역할을 소개한다.

구동 하드웨어 IHd

롤러(호차) IHd01
레일 IHd02
수대 IHd03
플랩 하드웨어 IHd04
수전 IHd05

경첩 IHdh
보링 경첩 IHdh01
무보링 경첩 IHdh02
버트 경첩 IHdh03
피벗 경첩 IHdh04
배럴 경첩 IHdh05
플랩 경첩 IHdh06
장경첩 IHdh07
유리 경첩 IHdh08
마운트 경첩 IHdh09
비노출 경첩 IHdh10

보조 하드웨어 IHa

댐퍼 IHa01
손잡이 IHa02
스토퍼 IHa03
캐스터 IHa04
캐치 IHa05
크레센트 IHa06
배수 트렌치 IHa07
수건걸이 IHa08
휴지걸이 IHa09

고정 하드웨어 IHf

스크류(나사못) IHf01
볼트 IHf02
너트 IHf03
캠 IHf04
다월 IHf05

인테리어 하드웨어 선택 가이드

문을 여닫고 물건을 수납하며, 때로는 물을 흘려보내는 것까지. 우리는 일상 속 많은 곳에서
다양한 용도로 하드웨어를 사용한다. 수많은 종류 가운데 목적에 꼭 맞는 하드웨어를
선택하기 위해 살펴야 할 요소를 소개한다. 글 정신오

블룸의 CLIP top BLUMOTION
일체형 155° 경첩.

성능을 오래 유지하다
내구성

하드웨어는 한번 설치하면 오랜 기간 사용하기 때문에 반드시 내구성을 갖춰야 한다. 국내에서는 한국표준협회의 기준에 따라 하드웨어를 반복 사용한 뒤 변형되는 정도를 측정해 내구성을 평가한다. 예를 들어 목제 미닫이 창호에 쓰이는 호차[Hd01]는 10만 회를 왕복하여 움직이고(KS F 4524: 창호용 호차), 서랍에 적용하는 레일[Hd02]은 꺼내고 닫는 동작을 4만 번 반복한다(KS G 2020: 수납가구). 국내에서는 이 같은 방법으로 내구성을 테스트 했을 때 변형도가 기준치 이하인 제품에 한해 성능 인증마크를 부여한다. 인증마크는 제품의 겉면이나 패키지에 표기하도록 규정하고 있어 누구나 쉽게 품질을 확인할 수 있다.

내구성과 관련된 인증은 국내에서 부여하는 KS 규격 외에도 독일 바이에른 공업시험청의 LGA와 공업규격인 DIN, 영국의 건자재인증인 BBA 등이 있다. 다만 해외의 인증은 KS규격처럼 인증마크를 제품에 표기하지 않으므로 인증서나 시험성적서를 확인해야 한다.

부재를 거뜬히 들어올리다
지지 하중

무거운 물체를 옮기기 위해서는 그 이상의 무게를 견디는 수레가 필요하듯 창호와 가구 또한 구동하려면 제품보다 더 큰 하중을 지지하는 하드웨어가 필요하다. 일반적으로 가구의 문짝처럼 가벼운 부재는 지지 하중이 2~20kg, 목제 문은 20~40kg인 경첩[Hdh]을 사용한다. 또 유리 때문에 무게가 무거운 창은 지지 하중이 150~500kg인 호차를 적용한다.

하드웨어의 지지 하중은 제품의 패키지 또는 구매처의 홈페이지에 표기하고 있고, 일부 힘(N)의 단위로 표기된 제품은 수치를 9.8으로 나누어 무게(kg)로 환산해서 비교할 수 있다.

꼭 맞는 옷을 입다
규격

하드웨어를 선택할 때는 설치 부위의 누께와 크기에 맞는 제품을 골라야 한다. 그보다 크면 본체가 부서지고, 작으면 제자리에서 헛돌아 정상적으로 작동하기 어렵다.

　규격을 검토할 때는 길이와 폭, 지름을 확인하자. 문의 여닫음을 담당하는 하드웨어는 본체의 두께보다 길이가 짧은 제품을 사용한다. 또 구멍을 파는 보링Boring작업이 필요한 부재는 구멍의 지름을 확인하고, 수전IHd05처럼 바깥으로 노출되는 하드웨어는 본체와 간섭이 일어나지 않는지를 신경 써야 한다. 스크류IHf01나 볼트IHf02, 너트IHf03 같은 고정 하드웨어IHf는 구동 하드웨어IHd에 타공된 구멍의 크기를 기준으로 선택한다.

처음의 모습을 간직하다
소재

일반적으로 하드웨어는 아연이나 크롬을 합금한 알루미늄이나 철 또는 스테인리스 스틸로 만든다. 철은 물을 사용하는 공간에 적용하면 부식되면서 붉은 녹물이 생길 수 있다. 그래서 주방이나 욕실에서는 스테인리스 스틸을 이용하거나 아연 도금, 분체 도장 등의 방법으로 표면에 보호막을 덧입혀 내부식성을 높인다. 또 고온에서 얇은 막을 씌우는 PVD 코팅으로 마모되는 것을 방지하기도 한다.

　그 밖에 손잡이처럼 직접 만지거나 레일, 캐스터IHa04와 같이 구동하는 과정에서 소음이 발생할 수 있는 부재는 나일론이나 합성고무처럼 탄성이 강하거나 내구성이 뛰어난 플라스틱 소재를 사용한다.

가장 효율적인 사용법을 고민하다
작동 방식

생활 방식을 고려하여 선택한 하드웨어는 본체의 효율성을
극대화한다. 생활 방식과 관련된 기준은 여러 가지가 있다.

첫 번째는 생활 습관과 선호도다. 요리할 때의 동선, 선호하는
샤워 방식 등 평소의 행동 패턴을 고려해 하드웨어를 결정하면
일상의 만족도를 크게 높일 수 있다.

두 번째는 사용감이다. 하드웨어는 부재를 연결하거나 움직이는
기능 외에도 본체를 편리하게 사용할 수 있도록 보조하는 역할을
한다. 무거운 가구를 부드럽게 움직이는 것, 손을 대지 않고 누르면
문이 열리는 기술 모두 사용감을 높이는 방법이다. 최근에는
전기장치를 이용하거나 IoT Internet of Things 기술을 접목하기도
한다. 하지만 사용감은 사람마다 느끼는 정도가 다르기 때문에
구체적인 기준을 두고 평가하기 어렵다. 가급적이면 쇼룸을 방문해
하드웨어가 적용된 제품을 미리 써보고 비교하는 것이 좋다.

경첩과 수대의 역할을 함께
수행하는 플랩 하드웨어.
(왼쪽부터) 아벤토스 HK
TOP과 HK-S, 드라이버
유닛. 모두 블룸 제품.

움직임을 책임지다: 대표 하드웨어 8선

**이동과 지지는 인테리어 하드웨어에 요구되는 대표적인 기능이다. 본체의 기능을
책임지는 여덟 가지 인테리어 하드웨어를 소개한다.** 글 정신오

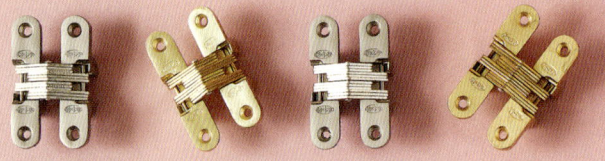

경첩 Hinge IHdh

경첩은 여닫는 동작을 담당하는 하드웨어를 통칭하는
것으로, 축을 중심으로 날개가 회전하거나 접히며
문의 개폐를 구현한다. 한옥에서 문을 고정하기 위해
사용하기도 하였으며, 예전에는 '돌쩌귀'라고 불리었다.
지금은 외기에 접하는 현관문, 환기와 채광을 책임지는
창문을 비롯해 가전, 가구 등 여닫는 동작을 수행하는
모든 요소에 쓰인다.

축을 중심으로 양쪽으로 고정판이 펼쳐지는 버트
경첩Butt hinge IHdh03과 문짝 안에 매립하는 배럴
경첩Barrel hinge IHdh05, 축을 중심으로 부재를 회전시켜
여닫는 피벗 경첩Pivot hinge IHdh04 등이 있다.

(위쪽부터) 배럴 경첩, 플랩 경첩,
버트 경첩, 나비 모양과 원형의 버트 경첩,
접이문 경첩, 이지 경첩.

(왼쪽 위부터) 프레임 부착형과 매립형 댐퍼,
경첩 부착형 댐퍼, 베어링 수대와 가스 수대.

② 댐퍼 Damper IHa01

특정 각도나 위치에서 압력을 가해 문이 천천히
닫히도록 하는 장치다. 문이 닫힐 때 발생하는 충격을
흡수하고 소음을 줄여주어 본체를 오랫동안 쾌적하게
사용할 수 있도록 한다.
　댐퍼의 특징은 부재를 단독으로 이동시키지
못한다는 점이다. 대개 도어클로저처럼 추가로
설치하거나 레일, 플랩 하드웨어에 내장하여 사용한다.

③ 수대 Stay IHd03

문이 닫히지 않도록 고정하는 하드웨어를 지칭한다.
흔히 쇼바Shock absorber라고도 하며, 창호에서는
고정대라는 명칭으로 불린다. 작동 원리에 따라 가스의
압력 차이를 이용한 가스 수대와 구심점을 기준으로
팔이 회전하는 베어링 수대, 레일을 따라 이동하는
레일 수대 등이 있다. 틸트창이나 아래로 열리는 하부
여닫이장의 경우 수대가 경첩의 기능을 겸한다. 하지만
위로 열리는 상부 여닫이장에서는 수대만으로 여닫는
동작을 구현할 수 없어 경첩과 함께 사용한다.

경첩과 수대의 기능을 함께 수행하는
하드웨어로, 문의 개폐를 돕는 동시에 중력으로
인해 닫히지 않도록 고정하는 지지대 역할을
한다. 하지만 지지 하중이 2~10kg 정도로 작아
가구장에 제한적으로 쓰이는 편이다.
　　플랩 하드웨어는 개폐 방식에 따라
업리프팅형과 스윙형, 피벗 회전형 그리고
폴딩형으로 구분한다. 업리프팅형은 문짝이
수납장과 평행하게 올라가며 열리는 방식으로,
하드웨어가 꺾이지 않고 일직선을 이룬다.
스윙형은 문이 크게 포물선을 그리면서
열린다. 작동 범위가 넓어 키가 작은 아이들도
쉽게 장을 여닫을 수 있다. 피벗 회전형 역시
포물선을 그리면서 열린다. 스윙형과 다른 점은
하드웨어가 문짝 측면을 단단히 붙잡고 있어
개폐 과정에서 문이 흔들리지 않는다는 것이다.
마지막으로 폴딩형은 문이 반으로 접히면서
열리는 방식이다.

1 블룸 아벤토스 HK Top
2 블룸 아벤토스 HK–S
3 헤펠레 프리 폴드 Free Fold
4 헤펠레 프리 스페이스 Free Space
5 블룸 아벤토스 HF의 텔레스코픽 암

⑤ ⑥ 호차IHd01와 레일IHd02 Roller and Rail

호차와 레일은 본체를 일정한 방향으로 움직이기 위해 사용하는 하드웨어를 지칭하고, 두 장치가 하나의 세트를 이룬다. 호차는 본체가 움직이도록 돕는 핵심 소재로, 우리에게는 롤러라는 이름으로 더 익숙하다(이하 롤러). 황동이나 알루미늄처럼 내구성이 우수한 금속이나 니일론, 아세탈과 같이 탄성이 뛰어난 플라스틱으로 만든다. 레일은 롤러가 옆으로 새지 않고 곧게 이동할 수 있도록 돕는 길이다. 주로 스테인리스 스틸 소재를 이용한다.

대개는 롤러와 레일을 따로 설치하여 사용하지만, 예외적으로 서랍의 경우에는 롤러와 레일이 결합된 '러너Runner'라는 하드웨어를 쓴다.

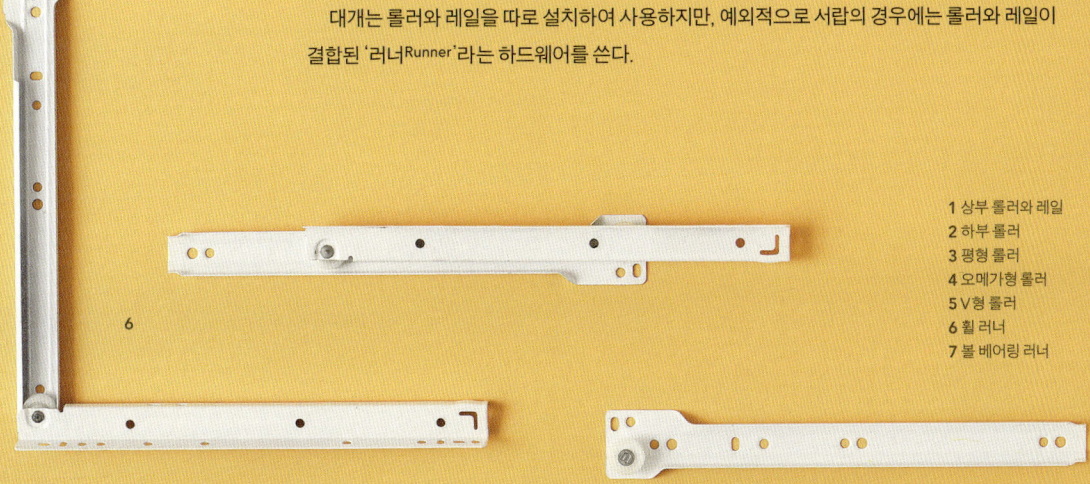

1 상부 롤러와 레일
2 하부 롤러
3 평형 롤러
4 오메가형 롤러
5 V형 롤러
6 휠 러너
7 볼 베어링 러너

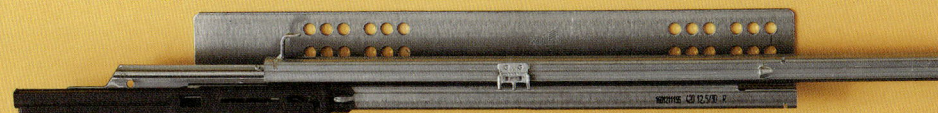

가와준의 문 · 가구손잡이
1 PC-292 2 PC-327 3 PC-457 4 PC-455
5 TWC 6 GHT 7 PC-447 8 PC-444 9 M5 시리즈
10 T6 시리즈 11 PC-441 시리즈

⑦ 손잡이 Handle IHa02

여닫는 작동을 돕는 하드웨어다. 손잡이하면 흔히 손으로 잡고 움직이는 그립부나 문짝과 연결되는 넥을 떠올린다. 하지만 고정하기 위해 사용하는 후판과 잠금장치까지 갖춰야 비로소 완전한 손잡이가 된다. 후판은 형태에 따라 직사각형과 원형으로 나뉜다. 직사각형의 고정판은 플레이트라고 부른다. 원형의 경우 잠금부가 있는 로즈 플레이트와 그렇지 않은 로제트Rosette로 구분한다.

손잡이는 작동 방식에 따라 지렛대처럼 끝을 눌러서 개폐 동작을 제어하는 레버형Lever과 구나 직육면체 모양의 그립을 잡고 돌려서 여는 노브형Knob, 밀거나 당겨 여닫는 푸시앤풀 바Push&pull bar, 그리고 문짝에 홈을 판 뒤 매립해서 사용하는 매립형의 네 가지가 있다. 국내에서는 레버형과 노브형을 가장 많이 사용한다.

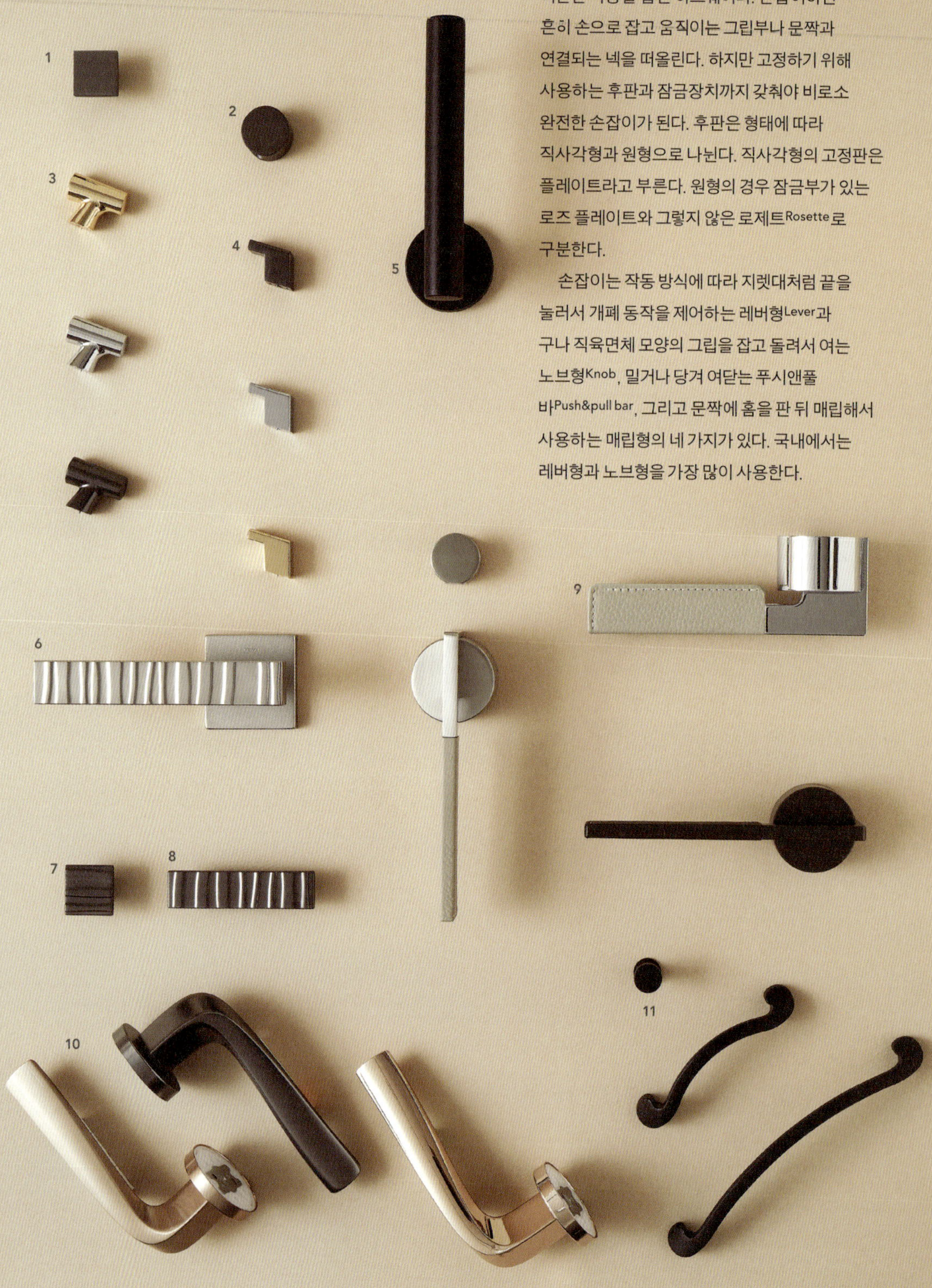

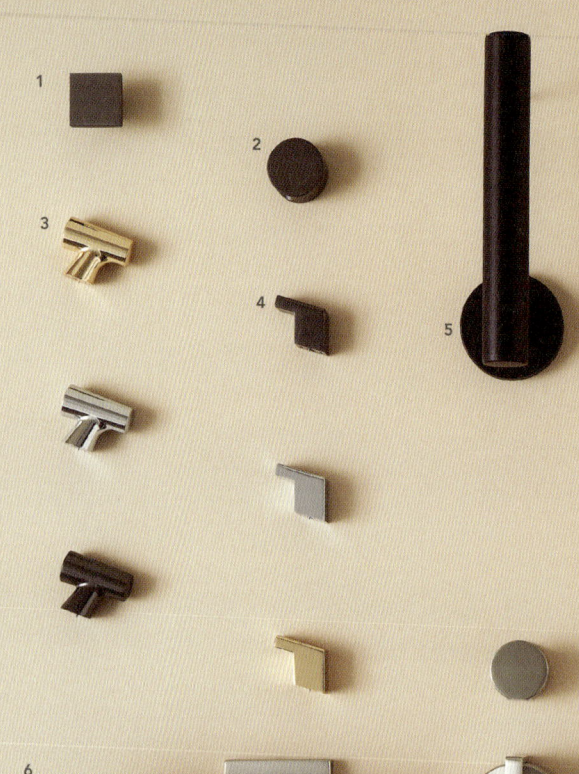

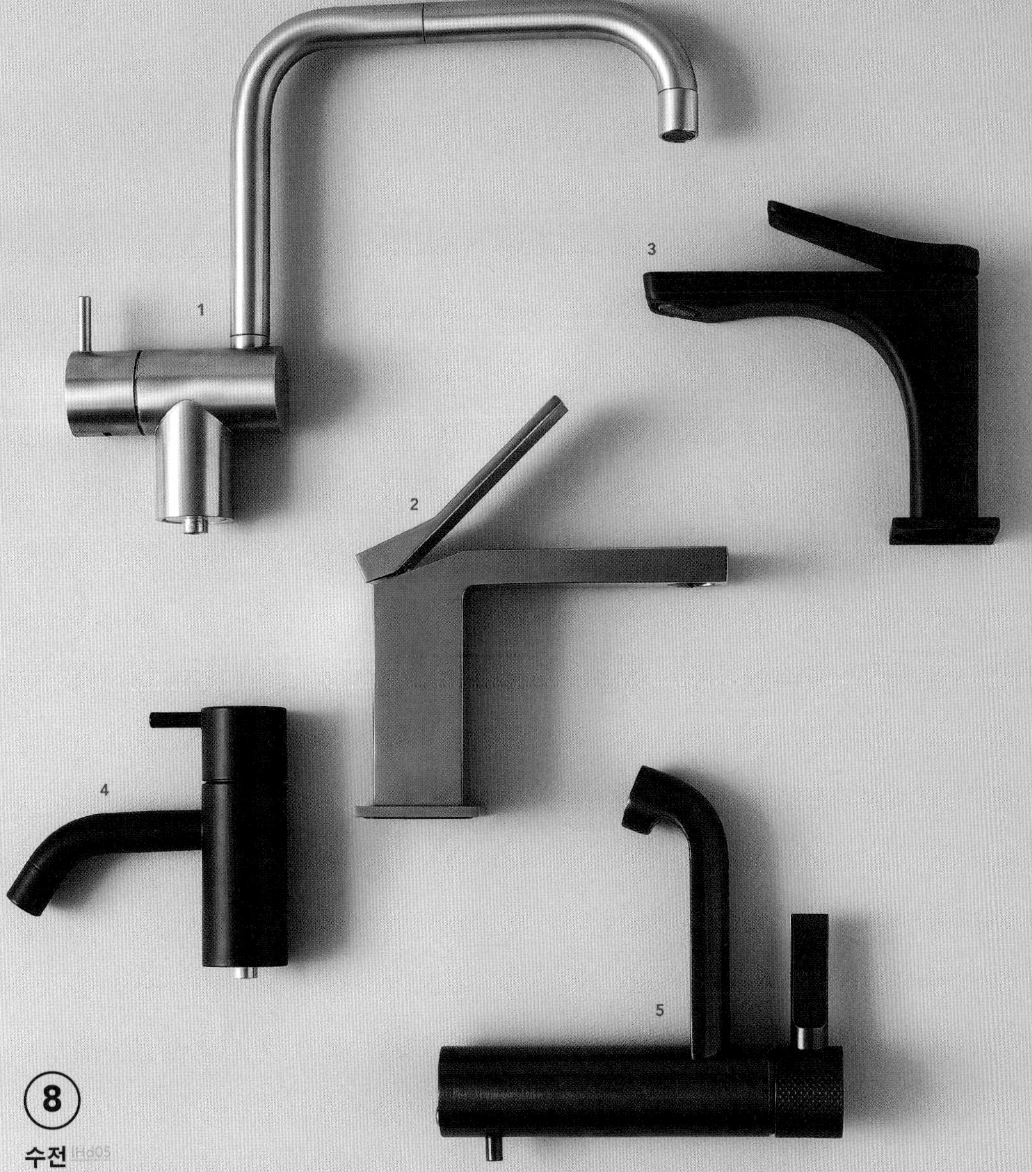

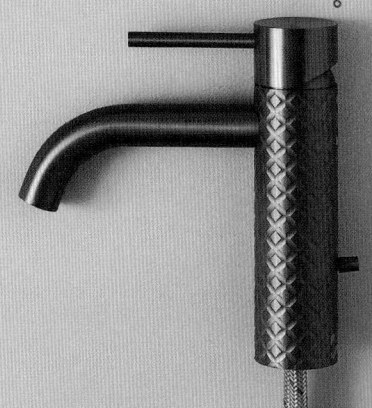

(8)
수전 IHd05

급수관으로부터 물을 받아 욕실이나 주방에 공급하는 장치다. 적용 부위에
따라 싱크대에 사용하는 싱크 수전과 욕실에서 볼 수 있는 세면 수전 그리고
샤워 수전과 욕조 수전이 있다.

수전은 크게 배관과 몸통, 수도꼭지 그리고 손잡이로 이루어진다.
배관은 급수관으로부터 공급받은 물을 수전으로 옮기는 역할로, 냉수용과
온수용으로 나뉜다. 배관을 따라 이동한 물은 수도꼭지를 통해 주방과 욕실에
공급된다. 손잡이는 물의 세기와 온도를 조절하는 역할을 담당한다.

1 볼라 KV1 2 제시 렉탱글로 케이 3 제시 릴리에보
4 볼라 HV1 5 제시 인시소 엘 6 제시 인트레치오

견고하게 결속하다: 대표 고정 하드웨어 4선

고정 하드웨어 IHf는 앞서 소개한 여덟 가지 대표 하드웨어를 본체에 설치하거나 부재를
연결하기 위해 사용하는 장치를 지칭한다. 나사산이 회전하면서 본체에 파고들거나
암수를 체결하는 방식으로 부재 속에 단단히 자리 잡는다. 글 정신오

① 나사못 Screw IHf01

몸체에 나선형의 산이 있는 못으로, 머리 부분에 난 一자 또는 十자 모양의
홈에 공구의 끝을 맞추고 돌려서 고정한다. 하드웨어를 본체에 고정할 때 가장
많이 쓰이며, 우리에게는 피스라는 명칭으로 더 익숙하다. 하지만 이는 나사를
뜻하는 프랑스어 비스Vis의 일본식 표현인 비스(ビス)에서 유래된 것으로
나사못 또는 스크류가 올바른 표현이다 (이하 스크류).
  스크류는 본체의 소재에 따라 목재용과 금속용으로 구분한다. 목재용은
목제 가구나 문에 사용하는 부재로, 접시머리나 둥근머리를 많이 쓰고 표면에
十자로 홈이 나 있다. 가구에는 주로 길이가 10~30mm인 것을 사용하지만
두꺼운 목재가 수직으로 접합되는 경우 50mm가 넘는 긴 제품을 쓰기도
한다. 금속용 스크류는 현관문, 알루미늄 창호와 같은 금속 소재의 본체에
하드웨어를 설치하거나 강판을 고정할 때 사용한다. 목재용 제품과 비교해
길이가 50mm 이상으로 길고, 나사산이 촘촘한 것이 특징이다.

② 볼트 IHf02와 너트 IHf03 Bolt and Nut

볼트와 너트가 하나의 세트를 이루는 하드웨어로, 암수를
맞추고 체결하는 방식으로 시공한다. 주로 문손잡이 IHa02,
수전 IHd05을 설치하거나 서랍이나 가구의 뒤판처럼 두께가
10mm 정도로 얇은 목재를 고정할 때 사용한다.
  볼트는 주로 접시형이나 둥근머리 볼트를, 너트는
육각형과 팔각형을 많이 쓴다. 벽장이나 책꽂이처럼
하드웨어가 양면에 노출되는 가구나 수전에는 머리가
기둥처럼 생긴 조립 너트Connection nut를 적용하기도 한다.

③ 다보

선반을 설치하거나 작은 장식물을 걸기 위해 사용하는
하드웨어를 통칭한다. 본체에 꽂는 고정부와 물건을 거는
돌출부로 이루어지고, 고정부의 형태에 따라 볼트처럼
나사산이 있는 것과 평평한 것으로 나뉜다. 표면에 나사산이
나 있는 부재는 대개 장식물을 걸기 위해 사용하고, 장식
볼트라고도 부른다. 원기둥 모양의 머리가 마감면으로부터
돌출되어 있어 물건을 쉽게 걸 수 있다. 고정부의 표면이 평평한
제품은 수납장의 칸을 구분하거나 선반을 설치하는 용노로,
ㄴ자 또는 원기둥 모양의 돌출부 위에 판재를 얹어 사용한다.

④ 캠IHf04과 다월IHf05 Cam and Dowel

주로 두께가 12~29mm인 목재 판재를 조립해 가구를
만들 때 사용하는 하드웨어다. 흔히 미니픽스라고
부른다. 볼트와 너트는 맞닿은 부재를 고정할 때
쓰이는데 캠과 다월은 맞닿는 부위는 물론 부재가
수직으로 만나는 경우에도 적용할 수 있다.
　설치할 때는 구멍을 뚫은 부위에 캠을 삽입한 뒤 캠의
홈에 다월을 끼우고, 드라이버로 머리를 돌려 체결한다.
　제품을 고를 때에는 캠의 머리부터 다월 중심까지의
수직거리가 목재 두께의 절반인 규격을 선택한다. 가령
목재의 두께가 12mm라면 캠은 다월의 중심부가
꽂히는 지점부터 머리까지의 거리가 6mm인 제품을
사용해야 한다.

생산성을 높이는 하드웨어 기준 규격

바리안타 시스템Varianta system은 볼트IHf02나 스크류IHf01 등 고정 하드웨어IHf의 설치 부위를 일정 크기와 간격으로 타공하는 것으로, 가구에서 하드웨어를 설치하는 방법에 대한 주요 약속 중 하나다. 이 시스템은 언제 어떻게 생겨났을까? 또 오늘날의 가구에는 어떤 영향을 주고 있을까? 지금까지도 하드웨어의 제조 원칙으로 널리 쓰이고 있는 대표 시스템에 대해 알아본다. 글 정경화

하드웨어를 사용하는 공통의 약속

가구와 창호는 모두 부재에 구멍을 뚫고 하드웨어로 고정해 하나씩 형태를 만들어나간다. 부재의 규격이나 소재에 따라 사용하는 고정 하드웨어는 조금씩 달라지지만 타공하고 연결하는 기본 방법은 가구, 창호의 종류를 불문하고 모두 같다. 그렇다면 전 세계에서 타공 규격과 간격을 통일하면 어떻게 될까? 제조업체에서는 정해진 규격의 하드웨어만 생산하면 되고, 사용자는 용도에 관계없이 모든 제조사의 제품을 호환하여 쓸 수 있다. 그 결과 부품의 제조부터 완제품을 만들기까지의 전 과정에서 효율이 비약적으로 높아지고 전문가가 아니더라도 가구를 쉽고 빠르게 만들 수 있게 된다. 이러한 생각을 바탕으로 탄생한 것이 바로 세계적으로 널리 쓰이는 가구 생산의 원칙인 바리안타 시스템이다.

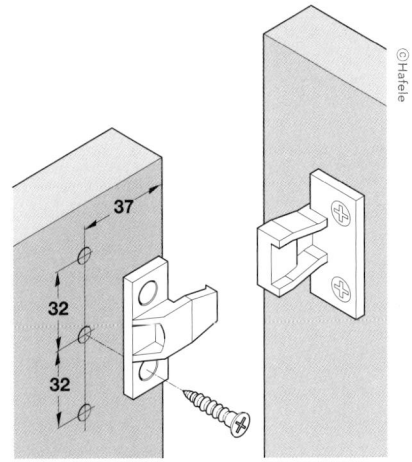

바리안타 시스템은 타공 구멍의 간격을 32mm로, 부재의 가장자리에서부터 구멍의 중심축까지의 거리를 37mm로 유지하는 규칙이다.

새로운 가구 제조 방식의 탄생

그렇다면 바리안타 시스템은 언제 어떤 계기로 생겨났을까? 가구 생산 시스템은 공장에서 완제품을 만들어 유통하는 방식, 그리고 부재 상태로 제작하고 현장에서 배송 기사나 소비자가 직접 조립하는 RTAReady To Assemble 방식으로 나뉜다. 본래 가구는 전자의 방식으로 생산되었다. 이 방식은 하자가 발생할 위험이 높았고 배송이나 시공 면에서 비효율적이라는 단점이 있었다. 그럼에도 제품을 받으면 바로 사용할 수 있어 편리했고 초기에는 가구 제작의 수요가 그리 많지 않았기에 꾸준히 쓰였다. 그러나 제2차 세계대전 이후 상황은 급격히 바뀐다. 전쟁 피해를 복구하기 위해 건설과 가구의 제조가 시급했으나 유럽 전역이 폐허가 되어버린 탓에 주재료인 목재가 턱없이 부족했다. 이에 가구 제조사들은 파티클 보드 같은 목재의 대체재와 하드웨어를 이용한 제조법을 고안하고, 생산량을 빠르게 늘리기 위한 해결책으로 사용자가 직접 조립하는 방식을 도입했다. 그리고 일반인도 하드웨어를 쉽게 설치할 수 있도록 모든 가구에서 고정 하드웨어의 시공 부위를 32mm 간격으로 타공하는 규칙을 만들게 된다. 이 규칙을 적용하면 부재를 일정한 간격으로 타공하기 때문에 작업의 정확도가 높아진다. 또 처음에 기계의 타공값을 설정하면 변경 없이 계속 쓸 수 있어 훨씬 효율적이다. 이렇게 탄생한 바리안타 시스템이 유럽의 표준으로 자리 잡고 파티클 보드, MDF와 같은 가공 목재의 개발과 맞물리면서 RTA 방식은 비약적으로 발전한다. 타공 간격과 고정 하드웨어의 규격이 통일됨에 따라 사용하는 하드웨어의 개수와 생산 공정 또한 차례로 표준화되었다. 지금까지도 RTA 방식은 가장 보편적인 가구 생산 방법으로, 바리안타 시스템은 전 세계 가구 공장에서 지키는 표준으로 쓰이고 있다.

바리안타 시스템의
다양한 적용 사례

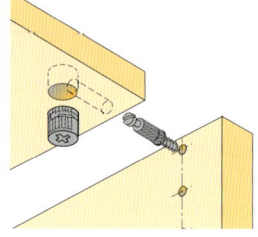

캠과 다월

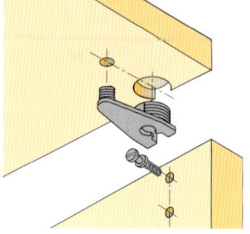

캠과 다월

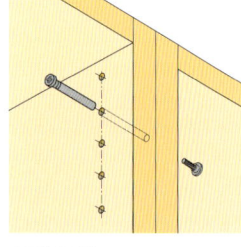

스크류의 연결

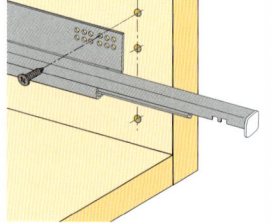

앵글의 연결

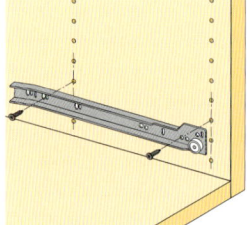

러너 시스템

러너 시스템

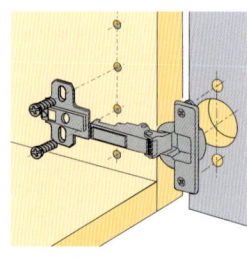

경첩 시스템

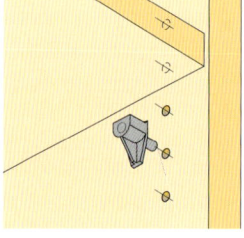

다보

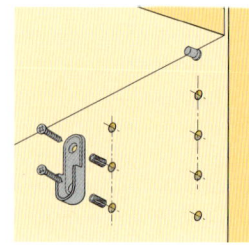

옷걸이용 고정 시스템

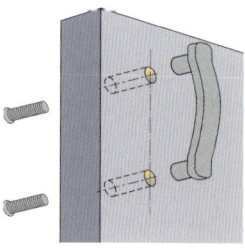

손잡이

출처: www.hettich.com/fileadmin/content/mediathek/TA_2011_02_en_CA.pdf

숫자 32, 5, 37에 숨은 규칙

바리안타 시스템은 32, 5, 37이라는 세 가지 숫자로 대표된다. 32mm는 구멍의 간격, 5mm는 구멍의 직경, 그리고 37mm는 부재의 가장자리에서부터 구멍의 중심축까지의 거리를 의미한다. 가까운 예로 싱크대 하부장의 경첩을 살펴보면, 볼트의 구멍이 32mm 간격으로 뚫려 있는 것을 확인할 수 있다. 기술이 발전함에 따라 구멍의 간격은 20이나 25mm로, 직경은 3이나 8mm로 다양해졌지만 앞서 말한 숫자가 여전히 가장 대표적으로 쓰인다. 이건창호 MD팀 홍정의 수석은 "당시의 목공 기계로 타공할 수 있는 가장 좁은 간격이 32mm였다"며, "이제 기술이 발전해 구멍을 더 촘촘히 뚫을 수 있게 됐지만, 이 규격이 약속처럼 자리 잡으면서 지금도 꾸준히 쓰이고 있다"고 설명한다.

바리안타 시스템의 규칙은 오늘날의 가구에서도 쉽게 찾아볼 수 있다. 스크루나 경첩IHdh은 물론 다보와 러너 시스템, 심지어는 손잡이까지도 32mm의 간격에 맞추어 만들고 설치한다. 또한 창호를 비롯한 다른 인테리어 하드웨어 분야에도 심심찮게 쓰인다. 이러한 약속이 전 세계적으로 80년 가까이 지속되는 것은 그만큼 기준이 지켜질 때 하드웨어의 가치가 빛을 발한다는 증거일 테다. 바리안타 시스템의 탄생 일화를 되새기며 지금 하드웨어를 잘 활용하기 위해 필요한 방법은 또 어떤 것이 있을지 고민해보자.

바리안타 시스템의 세 가지 규격은 약속처럼 자리 잡아 오늘날의 가구에서도 꾸준히 쓰이고 있다.

Design Hardware Brand

디자인 하드웨어의 발견

**공간의 작은 요소들을 섬세하고 아름답게 만들어 선보이는 네 곳의 디자인 하드웨어 브랜드를 소개한다.
그간 부자재로 치부됐던 하드웨어의 가치를 제대로 경험해보자.** 글 정경화

KAWAJUN

혼신의 힘을 쏟아 최고의 물건을 만들다

가와준

사용자를 먼저 생각하는 하드웨어

모노즈쿠리(ものづくり), 혼신의 힘을 쏟아 최고의 물건을
만든다는 뜻의 이 일본어는 가와준의 철학을 한마디로
설명하는 단어다. 1974년 일본에서 시작한 가와준은 인테리어
하드웨어를 비롯해 공공시설과 호텔, 상업 공간에서 사용하는
가구와 집기를 제작한다. 조금 느리더라도 정도(正途)를
걷는다는 마음으로 만들기 쉬운 제품이 아닌 사용자가 원하는
제품을 짓는다.

'사용자를 위한 제품'을 만들기 위해 그들이 택한 방식은
다채로운 선택과 조합. 기본 마감의 종류만 36가지에 달하고
색상이나 질감, 소재가 다양해 취향에 맞춰 고를 수 있다.
일례로 2020년 출시한 호스피탈리티Hospitality 컬렉션의 레버
손잡이lHa02는 형태와 마감의 조합에 따라 최대 154가지의
다른 모습을 만들어낸다. 가와준코리아 박진이 실장은
"국내에서는 일반 소비자는 물론 디자이너도 하드웨어에 대해
잘 알기가 어렵다"며, "가와준의 제품은 사용자가 선택하는

포시즌스 호텔 서울은 계획 단계부터 여러 하드웨어를 함께 디자인하고
객실 곳곳에 배치해 공간의 완성도를 높였다.

범위를 넓혀 기성품임에도 주문 제작한 듯한 느낌을 낸다"고
설명한다. 이러한 지향점은 유행보다 개인의 취향에 집중하는
요즘의 분위기에도 잘 들어맞는다. 디자이너와 작업하는
경우, 기획 단계부터 참여해 공간에 어울리는 디자인을
새롭게 개발하기도 한다. 포시즌스 호텔 서울Four Seasons Hotel
Seoul은 계획 단계부터 3년 동안 함께 작업한 프로젝트로,
객실 디자인에 맞춰 제작한 하드웨어를 곳곳에 배치해 공간의
완성도를 높였다.

공간 속에 조용히 자리하다

가와준의 제품은 공간에 존재감을 드러내기보다는 한 발짝
물러서서 보조하는 하드웨어 본연의 역할에 충실한다. 목재와
타일을 재료로 사용한 것 또한 익숙한 건축재료를 접목해
공간의 통일감을 높이기 위한 방책이다. 이렇듯 건축물에
방해가 되지 않는 색감과 질감으로 주변에 자연스레 녹아드는
것이 가와준 제품의 특징이다.

　또 한 가지 특색은 대부분의 디자인 하드웨어 브랜드가 레버
손잡이나 욕실 수전IHd05처럼 한두 가지의 영역에 집중하는 데
반해, 가와준에서는 손잡이를 비롯해 욕실 액세서리, 샤워부스
경첩 등 주거 공간에서 볼 수 있는 거의 모든 종류의 하드웨어를
다룬다는 점이다. 문손잡이만 해도 보편적으로 사용하는
레버형 외에 미닫이문용, 유리문이나 중후한 공간에 어울리는
바형 등으로 종류가 다양하다. 덕분에 여러 요구에 대응이
가능하고 공간의 많은 요소를 일관된 분위기로 맞출 수 있다.

누구에게나 평등한 디자인

하드웨어는 단순히 아름답기만 하면 되는 오브제가
아니라 주어진 기능을 제대로 수행해야 하는 도구다.
가와준의 장인 정신이 가장 크게 발현되는 부분 또한 원활한
작동성과 높은 품질에 있다. 이곳의 손잡이는 기본적으로
일본공업규격JIS에서 정한 기준에 맞춰 20만 회 이상 작동해
품질을 테스트하고, 이보다 더 엄격한 검증이 필요하다고
판단되면 자체 기준을 정해 성능을 더 정확하게 확인한다.
특히 성별이나 나이, 신체 조건과 관계없이 누구나 평등하게,
또 편리하게 사용하는 것에 집중한다. 예를 들어 LM 시리즈는
각도를 40° 이상 내려야 열리는 기존의 손잡이와 달리
16° 정도로 살짝만 눌러도 문이 열린다. 또 잠금 부위를
플라스틱으로 마감해 문이 닫힐 때의 찰칵거리는 소음을
최소화했다. 이 밖에 살짝 누르는 동작만으로 문을 여닫는
푸시앤풀 디자인, 금속으로 마감한 모서리에 부딪혀 다치지
않도록 범퍼를 덧댄 손잡이도 있다.

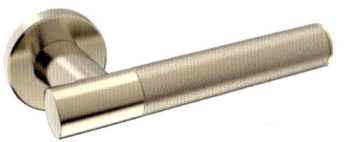

호스피탈리티 컬렉션의 TC 레버
호스피탈리티 컬렉션은 형태와 소재, 질감을 고르는 재미가
있는 제품이다. 직선의 날카로움을 살린 아키텍토닉Arkitektonic과
둥글고 부드러운 아쿠아라인Aquiline의 두 가지 종류 중에서
형태를 고른 다음, 넥과 그립 부위의 마감을 선택해 조합한다.
그립 부위는 가죽이나 목재 같은 소재와 패턴까지 함께 고른다.

마뜨리에Materie 시리즈의 M5 레버
마뜨리에 시리즈는 금속과 가죽을 조합해 따뜻하고 편안한
분위기를 구현했다. 자동차 핸들에 쓰는 천연 소가죽을 재료로
해 오래 사용해도 처음의 색과 질감을 그대로 유지한다. 가죽이
입혀지는 부위는 바탕 금속을 깎아내 나머지 부위와 마감 선을
맞췄고 사람이 손수 바느질해 한 땀 한 땀 스티치를 더했다.

d line

건축가를 위한, 건축가에 의한, 건축가의 하드웨어

디라인

북유럽 디자인의 전통을 잇다

디라인은 단순하면서도 클래식한 디자인, 은은한 무채색 마감으로
국내에서도 선호도가 높은 덴마크의 하드웨어 브랜드다. 손잡이, 잠금장치
같은 문 하드웨어로 시작해 핸드레일, 수건걸이와 휴지걸이 등의 욕실
액세서리까지 영역을 꾸준히 확장하고 있다.

제품에 담긴 철학은 크게 두 가지 키워드로 설명할 수 있다. 첫 번째는
북유럽 디자인으로, 아름다움과 기능을 동시에 만족하는 것이 핵심이다.
디라인에서는 "최고의 제품은 사람들의 필요에 의해 만들어지는 것"이라며,
"우리의 모든 디자인에는 이유가 있고 단지 아름다움만을 위해 불필요한 것을
더하지 않는다"고 브랜드가 지향하는 바를 소개한다.

또 한 가지는 건축가를 위해 건축가가 직접 디자인하는 방침이다. 그들은
건축가가 원하는 형태와 분위기, 기능을 면밀히 반영해 다양한 수요에
대응한다. 이러한 철학을 지켜온 덕분에 건축가가 써보고 싶은 대표 브랜드로
자리매김하기도 했다.

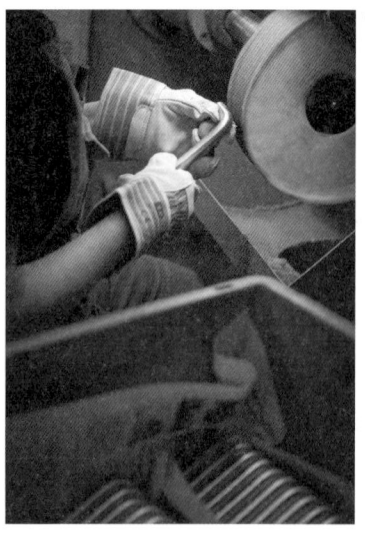

건축가와 함께 만든 열두 가지 레버 컬렉션

디라인은 열두 명의 건축가와 협업한 레버 컬렉션을 통해 건축가에 대한 그들의 애정과 철학을 드러낸다. 이노메싸에서 디라인 브랜드를 담당하는 이정섭 매니저는 "컬렉션은 브랜드의 정체성을 유지하면서도 트렌드를 놓치지 않는 방법"이라며 "여러 건축가와 작업해 디자인 영역을 넓히고자 한다"고 말한다. 그들은 덴마크의 대표 건축가 아르네 야콥센Arne Jacobsen부터 장 누벨Jean Nouvel, 비야케 잉겔스Bjarke Ingels 등 현대건축의 거장들과 협업해 건축가의 디자인을 디라인의 하드웨어에 성공적으로 녹여냈다.

그중에서도 명작으로 꼽히는 것은 디자이너 크누드 홀셔Knud Holscher와 아르네 야콥센의 컬렉션이다. 브랜드의 출시를 알리기도 했던 이 첫 번째 컬렉션의 탄생은 1971년 디라인이 시작하던 때로 거슬러 올라간다. 당시 크누드 홀셔는 구부러지는 부분에서도 단면의 직경을 일정하게 유지하는 제조법을 고안해 곡선이 날렵하게 살아있는 손잡이를 선보였다. 이때 만들어진 L형과 U형 손잡이는 가장 오래된 제품임에도 여전히 많은 사람이 찾는 스테디셀러로 꾸준히 사랑받고 있다.

손상을 줄이고 내구성을 높이는 노하우

양질의 원자재와 뛰어난 코팅 기술, 그리고 장인의 수제작은 브랜드가 내세우는 또 다른 강점들이다. 디라인은 지난 50년간 스테인리스 스틸 AISI 316을 소재로 사용하며 높은 내식성, 뛰어난 강도와 복원력을 확보했다. 표면 마감은 도장과 금속 자체의 표면처리, PVD 코팅의 세 가지 방식으로 총 열두 가지의 피니시를 선보인다. 그중에서도 가장 대표적인 것은 스테인리스 스틸의 새틴 마감으로, 디라인의 최초 제품이자 시그니처인 크누드 홀셔의 컬렉션에 적용됐고 지금까지도 가장 즐겨 쓰인다. 색상은 모두 무광의 흑색과 백색, 회색 계열로, 미니멀한 디자인과 잘 어우러진다.

최근에는 코로나19에 대응해 박테리아와 바이러스, 곰팡이 등을 제거하는 항균 코팅인 XBAC를 새로이 선보였다. 코팅을 입힌 후 30분이 지나면 유해한 미생물과 세균이 대부분 사라지고, 3시간 후에는 모두 없어진다. 이 코팅은 금속과 플라스틱 같은 재료를 비롯해 식품이 닿는 표면에도 사용할 수 있다. 또한 여느 항균 소재보다 내구성이 뛰어나고 수명이 길어 병원을 비롯한 다중 이용시설에서 특히 효과적이다. 종류로는 투명과 네 가지 색상, 그리고 유광이 있다.

덴마크 코펜하겐에 위치한 SAS 로얄 호텔의 객실 전경. 손잡이 외에도 가구와 커튼, 카펫 등 공간 곳곳에 아르네 야콥센의 디자인이 담겨 있다.

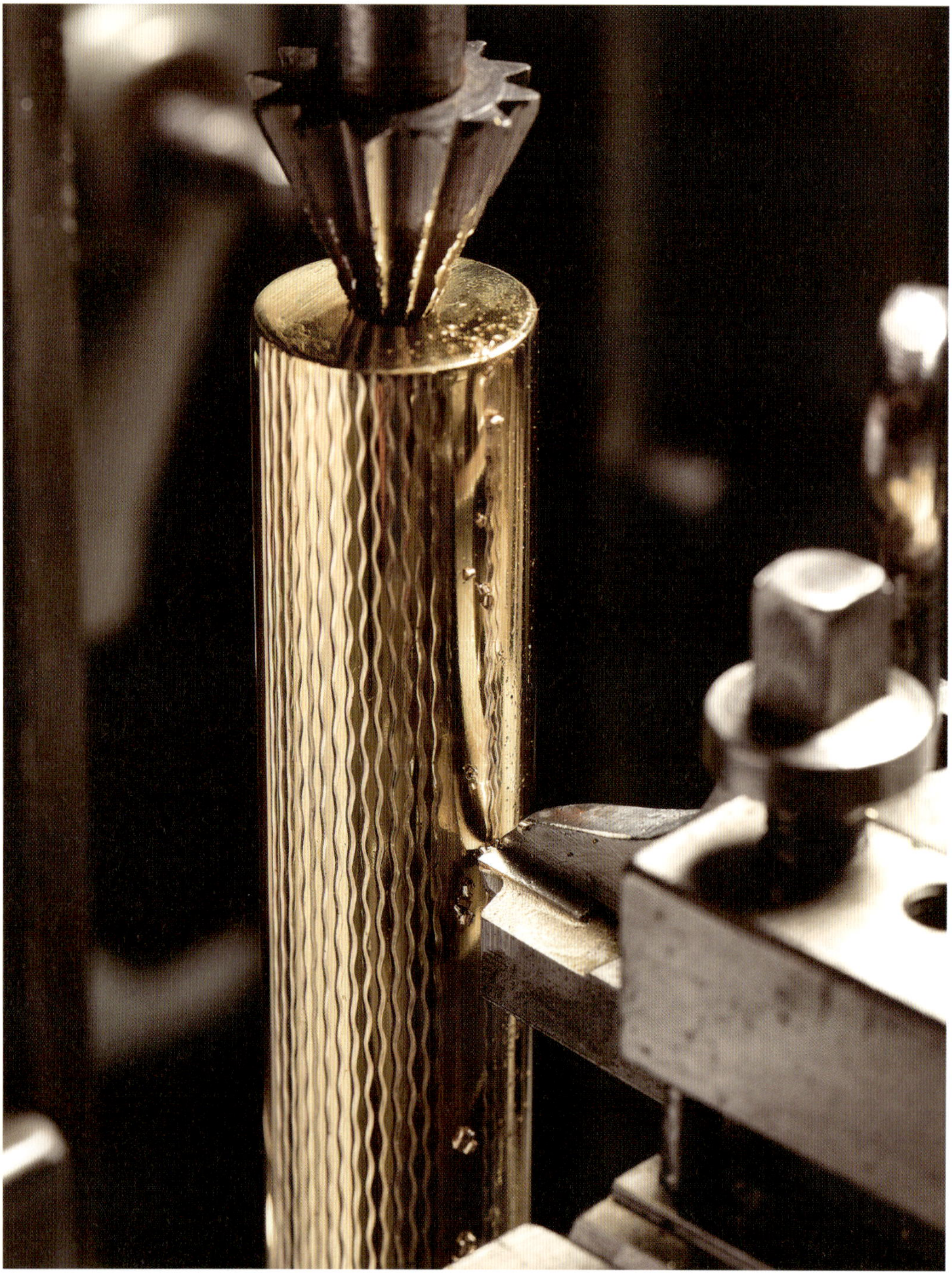

OLIVARI

틀에 가둬지지 않은 자유로움

올리바리

이탈리아의 장인 정신에 자유로움을 덧입히다

1911년 설립된 올리바리는 100년 넘게 문 하드웨어를 생산한 유서 깊은 브랜드이다. 이곳의 모든 제품은 이탈리아 보르고 마네로Borgomanero에 위치한 공장에서 만들어진다. 디라인의 제품이 일관되게 북유럽의 깔끔함과 담백함을 보여준다면, 올리바리는 기본기에 충실하면서도 형형색색의 옷을 입거나 금속 대신 이탈리아의 무라노 글라스나 타일을 시도하는 등 제품마다 각자의 개성을 살린다.

손잡이는 95가지가 넘는 디자인을 갖춰 선택의 폭이 넓다. 형태는 크게 유연하고 부드러운 라운드Round와 각진 형태의 스퀘어Square, 그리고 다양한 소재와 자유로운 형상의 스페셜Special로 나뉜다. 제품마다 기본 형태와 구성이 정해져 있지만 사용자의 요구에 맞춰 변경도 가능하다.

다양한 분야의 디자이너와의 협업

올리바리는 건축가 자하 하디드Zaha Hadid, 렘 콜하스Rem Koolhaas 등 매년 새로운 디자이너와 협업해 제품을 선보인다. 2009년 건축가 다니엘 리베스킨트Daniel Libeskind가 디자인한 손잡이 덴버Denver는 사선과 베일 듯이 날카로운 마무리가 평소 그가 즐겨 쓰는 건축 언어와 닮았다. 또 2015년 건축가 자하 하디드가 선보인 쉐브론Chevron은 그의 작업에서처럼 섬세하면서도 부드러운 비정형의 유연함이 느껴진다. 때로 건축가들은 자신이 설계한 건축물에서 영감을 받아 제품을 디자인하고 그 건축물에 실제로 적용하기도 한다.

건축가뿐 아니라 포르쉐의 디자이너 페르디난트 알렉산더 포르쉐Ferdinand Alexander Porsche, 파트리샤 우르퀴올라Patricia Urquiola 등 여러 산업의 대표 디자이너와도 함께 작업하며, 총 50여 가지의 컬렉션을 보유하고 있다.

대표 컬렉션

토탈Total과 래디얼Radial
이탈리아의 건축가이자 디자이너인 로돌포 도르도니Rodolfo Dordoni와 협업하여 제작한 토탈과 래디얼 시리즈. 문에 고정되는 넥과 손으로 잡는 그립부가 일체화된 형태로, 마치 하나의 오브제같은 느낌을 낸다. 토탈은 직선미를 강조해 공간에 깔끔함을 더하고 래디얼은 끝이 둥글어 부드러운 분위기다.

알렉산드라Alexandra
포르쉐 911의 디자이너, 페르디난트 알렉산더 포르쉐가 디자인한 이 제품은 원형 플레이트인 로즈Rose와 그립부가 구현하는 독특한 작동 방식이 특징이다. 로즈가 움직이지 않는 여느 손잡이와 달리 그립부와 이음매 없이 일체화되어 있어 함께 회전하며 문이 열린다.

©gessi

GESSI®

하이엔드 욕실이 제공하는 새로운 경험

제시

머무는 장소로서의 욕실을 만들다

우리는 몸을 씻고 닦기 위해 하루 중에서도 아주 잠깐 동안
욕실에 머무른다. 그러나 이탈리아의 욕실 하드웨어 브랜드,
제시는 이 장소를 다른 방식으로 바라본다. 창립자인 움베르토
제시Umberto Gessi는 1992년 처음 수전을 선보이던 때부터
욕실을 단순히 물을 사용하는 기능적인 공간에 그치지 않고
진정한 쉼을 누리는 장소로 만들고자 했다. 이 같은 브랜드의

철학은 '프라이빗 웰니스Private Wellness'라는 슬로건, 그리고
하나의 컬렉션 아래에 욕실의 모든 요소를 선보이는 그들의
방식에서 여실히 드러난다. 제시에서는 수전과 액세서리,
때로는 세면대와 욕조까지 모두 같은 콘셉트로 디자인하고
동일한 방식으로 마감해 일관된 분위기를 낸다. 또한 아이템
각각의 미감에 집중하기보다는 전체를 아우르는 디자인으로
욕실의 콘셉트를 바꾸고 휴식의 방식까지도 함께 제안한다.

일례로 샤워 시스템인 아키텍추럴 웰니스Architectural
Wellness는 터치패널을 조작해 미스트, 워터 폴, 샤워 등의 분사
모드와 분사 위치, 수온과 조명 색상까지 원하는 대로 바꿀
수 있다. 샤워하는 짧은 순간이지만 주변의 요소를 섬세하게
조절해 풍성한 경험을 이끌어낸다.

기술과 장인 정신의 융합

제시의 모든 제품에는 하이테크High-tech와 하이터치High-
touch라는 상반된 두 가지 전략이 적용된다. 하이테크는
발달한 가공 기술과 내구성 높은 소재로 대표된다. 대부분의
하드웨어는 금형으로 기본 형태를 찍어낸 다음 질감을
프린팅해 입히는 데 반해 제시의 제품은 표면을 한 켜 한 켜
절삭해 무늬를 만든다. 그리고 CNC 방식을 도입해 정밀하게
도면을 작성하고 정확하게 제작한다.

　위의 기술들이 하이테크를 이룬다면, 하이터치는 장인
정신으로 실현된다. 제시의 모든 제품은 손수 문질러 결을 내고
표면을 가다듬는 작업을 거쳐 완성된다. 아시아 총괄 매니저인
파비오 미니코치Fabio Minicozzi는 "방식은 상반되지만, 목표는
같다"며, "세심한 터치 하나하나가 모여 디테일의 차이를
만든다"고 설명한다. 고집스럽게 느껴질 정도로 높은 품질을
추구하는 자세 덕분에 제시의 제품은 고급 레지던스나 호텔
같은 하이엔드 시장에서 더욱 주목받는다.

대표 제품

이퀼리브리오Equilibrio
이퀼리브리오는 두 개의 돌을 겹쳐 얹은 모양으로 제시의 제품 중에서도
가장 실험적인 디자인이다. 천연 재료인 오크나무와 돌을 사용해 자연의
균형, 곧 인생의 균형을 맞춘다는 의미를 표현했다.

고찌아Goccia **시리즈**
고찌아는 이탈리아어로 물방울 또는 물방울이 떨어지는 것을 뜻한다.
이름에서 느껴지듯 물방울을 모티브로 해 물이 떨어지는 모습을
수전으로, 물방울의 모습을 세면기로 형상화했다.

취재를 도와준 브랜드

가와준코리아 www.kawajun.kr, 02-707-1691
디라인 www.dline.kr, 02-6713-6668
세한루체 www.sehanluce.co.kr, 02-546-6760
이노메싸 www.innometsa.com, 02-3463-7752
한샘넥서스 www.nexus-official.com, 1670-1950

유럽의
하드웨어는
왜 품질이
뛰어날까?

유럽과 중국산, 그리고 국산 하드웨어는 품질과 가격대가 천차만별이다. 이러한 차이가 생기게 된 원인은 무엇일까? 하드웨어가 특히 발달한 유럽의 시장과 비교해 그 이유를 가늠해보고, 국내시장이 발전하기 위해 필요한 요소는 무엇인지 짚어본다. 글 정경화

디자이너들이 선호하는 유럽의 하드웨어

인테리어 하드웨어는 제조 국가나 브랜드에 따라 가격대와 성능의 차이가 매우 크다. 싱크대에서 주로 사용하는 보링 경첩만 비교해도 7백 원부터 1만 5천 원까지 가격 차이가 20배를 넘나든다. 디자이너들은 가격이 높더라도 헤펠레나 헤티히, 블룸 등 유럽의 대표 하드웨어 제조사의 제품을 쓰고 싶어 한다. 품질부터 종류, 호환성, 제품과 사용 방식을 확인해볼 수 있는 쇼룸까지 이유는 각양각색이다. 그중에서도 가장 주된 요인은 종류가 많아 선택의 폭이 넓다는 점이다. 국내의 가구 하드웨어 시장은 경첩IHdh과 롤러IHd01 위주로 형성된 것에 반해 유럽 브랜드는 이들은 물론 수대IHd03와 손잡이IHa02, 전용 고정 하드웨어IHf까지 제품군이 다양하다. 그러다 보니 가구부터 공간 전체까지 같은 브랜드의 하드웨어를 적용할 수 있고, 구동 방식도 모터 장치를 이용한 전동식, 다른 하드웨어를 더한 기계식 등으로 다채로워 여러 상황에 대응이 가능하다. 이 밖에도 무소음과 부드러운 작동, 사용자를 고려한 쉬운 설치법은 유럽 제품을 선택할 수밖에 없게 하는 대표 강점들이다.

팔방미인 유럽산 하드웨어의 비결

그렇다면 유럽산 하드웨어가 유독 뛰어난 이유는 뭘까? 우선 하드웨어가 발달할 만한 배경 조건이 빠르게 마련되었다. 산업혁명을 거치면서 금형이나 열처리 등 금속을 다루는 기술이 급속도로 발달했고, 성능에 대한 요구 기준도 높았다. 일례로 유럽은 석유 자원이 부족했던 탓에 에너지 소비를 줄이기 위한 방책으로 창호의 높은 기밀성과 단열성을 일찍부터 요구해왔다. 독일의 창호 하드웨어 업체인 로토Roto

사의 아시아 마켓 디렉터, 마틴 메르텐스Martin Mertens는 "유럽에서는 평생을 살 목적으로 집을 짓기에 최소 수십 년은 안정적으로 지속해야 하고, 이는 건축자재와 하드웨어에도 마찬가지로 적용된다"고 말한다.

두 번째는 탄탄한 품질 기준이다. 유럽은 규격이나 내구성 등 가구 하드웨어의 품질을 판가름하는 기준을 빠르게 확립했다. 이를 지키지 못한 업체들은 도태되었고, 생산과 가공의 완성도는 상향 평준화되었다. 블룸과 헤펠레, 헤티히 관계자들 또한 뛰어난 품질을 구현하는 비결로 자사의 까다로운 성능 인증 기준을 꼽는다. 3사는 모두 독일 바이에른 공업시험청에서 시행하는 LGA 인증을 받았다. 기준을 통과하기 위한 수많은 테스트를 거치며 제품의 불량률은 낮아졌고 브랜드의 신뢰도는 올라갔다. 제조사에서는 이에 그치지 않고 더 높은 자체 기준을 정해 품질을 더욱 개선하기도 한다. 예를 들어 LGA 인증의 작동 기준 횟수가 경첩이 8만 회, 서랍재가 6만 회, 플랩 하드웨어가 4만 회라면, 블룸에서는 각각 20만 회, 10만 회, 8만 회로 인증을 훨씬 웃도는 횟수를 표준으로 적용한다.

한편 뒤늦게 발달한 한국에서는 그런 절차가 전무했다. 주방 가구에 사용하는 경첩의 경우, 블룸에서는 20만 회를 반복 개폐하며 성능을 확인하는 반면, 국내는 4~5만 회로 네 배 이상 낮다. 좋은 기준이 없으니 굳이 비용을 들여 잘 만들 필요성을 느끼지 못하는 것이다.

창호 하드웨어도 상황은 마찬가지다. 국내에서 단열에 대한 인식이 한창 생겨나던 때에 독일에서는 이미 패시브하우스로 단열 기준을 확립했다. 그러다 보니 이미 검증된 기준과 법규를 따라갈 수밖에 없었다. 이건창호 창호개발팀 곽진식 팀장은 "국내의 시스템 창호 하드웨어는 90% 이상이 유럽과 독일의 기준을 따른다"며, 지금의 시장 상황을 설명한다. "기술이나 시장 규모의 한계를 극복하지 못한 국내 하드웨어 업체는

유럽의 인테리어 하드웨어 브랜드 헤펠레의 쇼룸. 제품군이 다양하고 전시장에서 제품과 사용 방식을 직접 확인해볼 수 있어 많은 디자이너가 선호한다.

대부분 사라졌습니다. 남은 제조사들도 유럽의 하드웨어를 국내 상황에 맞게 일부 보완한 제품을 만들거나 중저가 PVC 창호의 롤러와 자동 잠금장치, 커튼월용 창에 쓰이는 스테이 암을 제조하며 명맥을 유지하고 있는 실정입니다.” 이는 품질이 월등히 뛰어난 유럽의 창호 제품을 받아들일 수밖에 없었기에 발생한 필연적인 결과다.

또 다른 이유는 하드웨어에 대한 연구개발의 부재다. 국내 하드웨어 시장은 유럽 브랜드가 주를 이루는 고가 시장과 중국산 또는 OEM 제품 중심의 저가 시장으로 양분되어 있다. 고급 브랜드나 성능이 중요한 제품을 제외하면 나머지는 대부분 가격을 기준으로 선택한다. 가격을 낮추기 위해서는 국내보다는 중국에 공장을 짓고 OEM 제품을 생산하는 것이 유리하다. 이러한 상황이 지속되면서 많았던 국내 업체는 거의 사라졌다. 남아 있는 업체에서도 설비에 투자하거나 제품을 개발하기에는 여력이 부족한 실정이다.

가구와 창호 업체가 주도하는 시장

유럽의 주방은 가구의 가격대와 관계없이 블룸이나 헤티히 정도로 높은 사양의 하드웨어를 적용한다. 반면 국내에서는 가구사에서 가격을 기준으로 제품의 등급을 나누고 그에 따라 하드웨어의 사양에 차이를 둔다. 예를 들어 5백만 원의 주방 가구에는 1천만 원의 가구에 쓰는 블룸의 하드웨어를 설치하지 못하고, 마찬가지로 1천만 원의 가구에는 2천만 원의 주방 가구에 쓰는 고가의 하드웨어를 설치하지 못한다. 이처럼 가구사에서는 하드웨어의 가격 비중을 가구의 5% 정도로 제한하는 등의 방법으로 기준을 정해두고 여기에 맞춰서 미리 품목을 결정한다.

이러한 차이는 창호 시장에서도 볼 수 있다. 유럽에서는 하드웨어 업체가 제품 개발을 주도하고, 창호 업체는 하드웨어에 맞춰 프레임을 개발한다. 반면 국내에서는 대부분 창호 업체가 개발을 주도하고, 하드웨어 업체는 주문에 맞춰 제품을 생산한다. 하드웨어를 고르는 주체가 사용자가 아니라 창호 업체가 되는 셈이다.

사실상 이런 모든 상황의 근본적인 원인은 결국 관심의 부재로 귀결된다. 유럽에서는 TV 같은 가전보다 가구와 하드웨어에 훨씬 주의를 기울인다. 반면 한국에서는 가구보다는 가전의 사양을 더 중요하게 고민하는 편이고 가구나 창호를 구매할 때 가격이나 소재, 디자인은 비교하지만, 하드웨어에는 크게 관심을 두지 않는다.

그럼에도 업계 전문가가 전하는 최근의 변화는 일말의 희망을 품게 한다. 그중 하나는 주문 제작 업체를 찾는 이들이 많아지고 있다는 점이다. 5년 전부터 주문 제작 가구시장이 크게 성장했고 특정 하드웨어 브랜드의 제품을 찾는 경우도 점차 생겨나고 있다. 코로나19 이후 집에 머무는 시간이 길어지면서 가구와 인테리어에 대한 관심이 꾸준히 늘고 있고 작년에 최고 매출을 기록했다는 가구 하드웨어 사의 소식도 들려온다. “예전에는 주방에 투자하는 예산을 5백만 원 정도로 생각했다면 요즘에는 1~2천만 원으로 금액이 높아졌습니다. 비용은 물론 수요층 또한 증가하는 추세입니다.” 블룸의 한국 에이전트인 ㈜우보인터내셔널 김지훈 대표가 전하는 가구 소비의 변화는 당분간 지속될 것으로 보인다. 이같은 관심은 국내 시장의 내실을 다지고 새로운 시도를 하는 데에 귀중한 발판이 될 것이다.

공간의 미래를 만드는 신기술 하드웨어

하드웨어는 대개 작고 숨겨져 있어 본체의 외관을 해치지 않으며, 대부분 금속 소재라 목재나 플라스틱에 비해 다른 장치와의 호환이 쉽다. 이러한 장점 덕분에 하드웨어는 기술을 받아들이는 창구로 점점 더 역할을 확장해가고 있다. 생활의 질을 높이는 공간 속 새로운 하드웨어를 만나본다. 글 정경화 취재 협조 리낙코리아, 융코리아일렉트릭, 콜러, LG하우시스

공간의 요소를 연결하고 제어하는 기술:
융코리아일렉트릭 JUNG Korea Electric

인테리어 하드웨어는 대부분 가구나 창호의 움직임을 보조하는 역할을 담당하지만, 때로 보이지 않는 곳에서 공간을 직접 제어하기도 한다. 통신 분야와 결합한 인터폰이나 전동 블라인드 시스템이 대표적인 사례다. 간단하게는 채광이나 냉난방, 온도를 조절하는 것에서부터 멀티미디어, 조명 등의 외부 시스템을 관리해 실내 공간의 에너지를 절약하고 쾌적함을 높이기도 한다. 기술이 발달함에 따라 하드웨어는 더 많은 장치를 세심하게 제어하면서 공간을 통합적으로 관리하도록 진화한다. 주거 공간에서는 거주자의 라이프스타일에 맞춘 편안한 환경을, 업무 공간에서는 생산성을 높일 수 있는 근무 환경을 조성한다. 또 호텔에서는 객실 관리를, 병원에서는 병동 모니터링 서비스를, 수많은 방문객이 오가는 공항에서는 보안 서비스를 제공하는 등 공간의 용도에 맞춰 각기 다른 방향으로 쓰인다.

1912년 설립된 독일의 전기 설비 회사인 융Jung은 이 같은 공간 제어 시스템을 적극적으로 선보이는 곳 중 하나다. 본래 다채로운 방식과 깔끔한 디자인의 스위치로 잘 알려졌지만 최근에는 공간의 요소를 한번에 관리하는 자동제어 솔루션으로 주목받고 있다. 이 토털 시스템은 전세계 표준인 KNX 시스템을 기반으로 하는 건물 자동제어 기술을 이용해 관리가 훨씬 효과적이고 광범위하다.

토털 시스템은 크게 작동을 지시하는 제어 장치와 움직임을 담당하는 액추에이터Actuator, 그리고 게이트웨이Gateway로 이루어진다. 제어 장치는 스위치처럼 직접 누르는 수동 장치와 감지 기술을 갖춘 센서Sensor, 그리고 건물의 전체 환경을 관장하는 중앙 제어 장치로 세분된다. 액추에이터는 제어 장치로부터 받은 명령을 행동으로 전환하고 결과값을 디스플레이 화면에 출력한다. 마지막으로 게이트웨이는 시스템과 외부의 네트워크를 연결하는 인터페이스로, 각자의 네트워크에서 주고받는 데이터를 서로 이해할 수 있는 형태로 전환해주는 통역사 역할을 한다. 이러한 장치들이 하드웨어로서 시스템을 구성한다면, 소프트웨어는 장치들이 실시간으로 정보를 공유할 수 있도록 네트워크를 만들어 작동을 진두지휘한다. 가구와 창호가 IoT를 비롯한 스마트홈 기술을 보기 좋게 담는 그릇이라면 제어 시스템은 그 기술을 조율하고 각각의 장치로 퍼트려 공간의 환경을 관리하는 사령부의 역할을 하는 셈이다.

융에서 선보이는 토털 시스템의 대표 장점으로는 다양한 디자인과 작동 방식을 꼽을

(왼쪽부터) 융에서 선보이는 플러그앤라이트 Plug&Light 제품과 호텔 객실용 배선기구.

(위쪽부터) 리낙의 전동 액추에이터 시스템을 적용한 모션 데스크, 모션 베드와 모션 소파의 모습.

수 있다. 스위치나 그래픽 디스플레이 패널 외에도 구글의 홈어시스턴트^{Home Assistant} 같은 음성 인식 시스템, 스마트 가전과의 연동, 실외에서도 제어가 가능한 모바일 등으로 작동 방식이 다양해 개개인의 취향에 맞춰 고를 수 있다. 이 밖에도 사용자가 공간의 용도에 맞춰 장치를 세세하게 관리할 수 있도록 자체 애플리케이션을 개발했고 원하는 사양을 조합해 여러 장치를 한번에 작동하는 씬 기능을 도입하기도 했다. 또한 오랫동안 스위치를 비롯한 배선 기구를 디자인해온 경험을 바탕으로 설치 위치와 버튼의 형태까지 원하는 대로 결정할 수 있어 커스터마이징의 범위가 더욱 넓다.

융코리아일렉트릭 마케팅팀의 송은경 과장은 "예전에는 빌딩 자동제어 시스템이 제조사를 중심으로 발전했기에 산업 간 구분이 뚜렷했지만, 거대 IT 기업들이 시장에 진입함에 따라 하나의 네트워크로 연동된 통합형 시스템으로 발전하고 있다"고 최근의 변화를 소개한다. 이에 대응해 융에서는 다양한 제품을 더 안정적으로 통합하고자 블루투스 기술을 도입했고, 미세먼지나 휘발성유기화합물^{VOCs} 등을 확인할 수 있는 환경 센서를 개발 중이다. 이 밖에 삼성 스마트싱스^{SmartThings}, KT 기가지니, 빅스비 등의 음성인식 시스템을 연동해 국내 시장에 맞춘 제품도 활발히 선보일 예정이다.

움직임을 접목한 가구:
리낙^{LINAK} 코리아

최근 자세에 맞춰 높이와 각도를 조절하는 모션 가구를 찾는 소비자들이 늘면서 가구 제조사에서도 앞다투어 제품을 선보이고 있다. 그에 따라 가구의 종류도 모션 소파(리클라이너, Recliner)를 비롯해 모션 데스크, 모션 베드 등으로 다양해졌다.

모션 가구에 움직임을 불어넣는 핵심 장치는 액추에이터다. 액추에이터는 전동 모터의 힘을 이용해 물체를 들어 올리거나 각도와 높이를 조절하는 장치다. 여기에 전원을 공급하고 작동을 제어하는 컨트롤 박스, 스위치나 리모컨처럼 명령을 전달하는 조작 도구가 합쳐져 액추에이터 시스템을 이루고, 이 세 가지 장치는 블루투스나 자체 네트워크로 소통하며 가구의 움직임을 구현한다.

액추에이터 산업을 살펴보면 모션 데스크 분야는 덴마크의 리낙과 독일의 OMT가, 모션 베드 분야는 리낙과 독일의 오킨^{Okin}이 전 세계 시장을 주도한다. 국내 가구 제조사의 제품 역시 퍼시스의 모션 데스크와 모션 베드, 데스커의 모션 데스크, 그리고 일룸의 가구에 리낙의 제품이 쓰이고 있다.

모션 데스크는 높낮이와 상판의 각도를 조절하는 기본형부터 선호하는 높이를 저장하고 알람 기능이나 디스플레이를 지원하는 고급형까지 제품군이 다양하다. 모션 데스크용 액추에이터는 다른 가구와 달리 장치가 겉으로 드러나기 때문에 외관을 해치지 않도록 깔끔하게 디자인하는 것에 초점을 맞춘다. 이에 더해 다양한 종류의 책상 규격에 대응하고, 움직이면서 다른 물체와 부딪히지 않도록 충돌 방지 센서를 장착하거나 부드럽게 작동하는 소프트스타트-스톱 기능을 접목해 사용감을 개선하기도 한다.

모션 소파와 모션 베드는 자세 조절만 가능한 표준 시스템과 선호하는 자세값을 저장하고 조명과 마사지, 음성 인식 기능을 갖춘 고급형으로 나뉜다. 모션 소파에 사용하는 액추에이터는 좁은 공간에 장착하기 때문에 크기를 줄이는 것이 중요하다. 반면, 모션 베드는 작동하면서 물건이나 신체의 일부가 끼이거나 무게를 지지하지 못하는

©Kohler

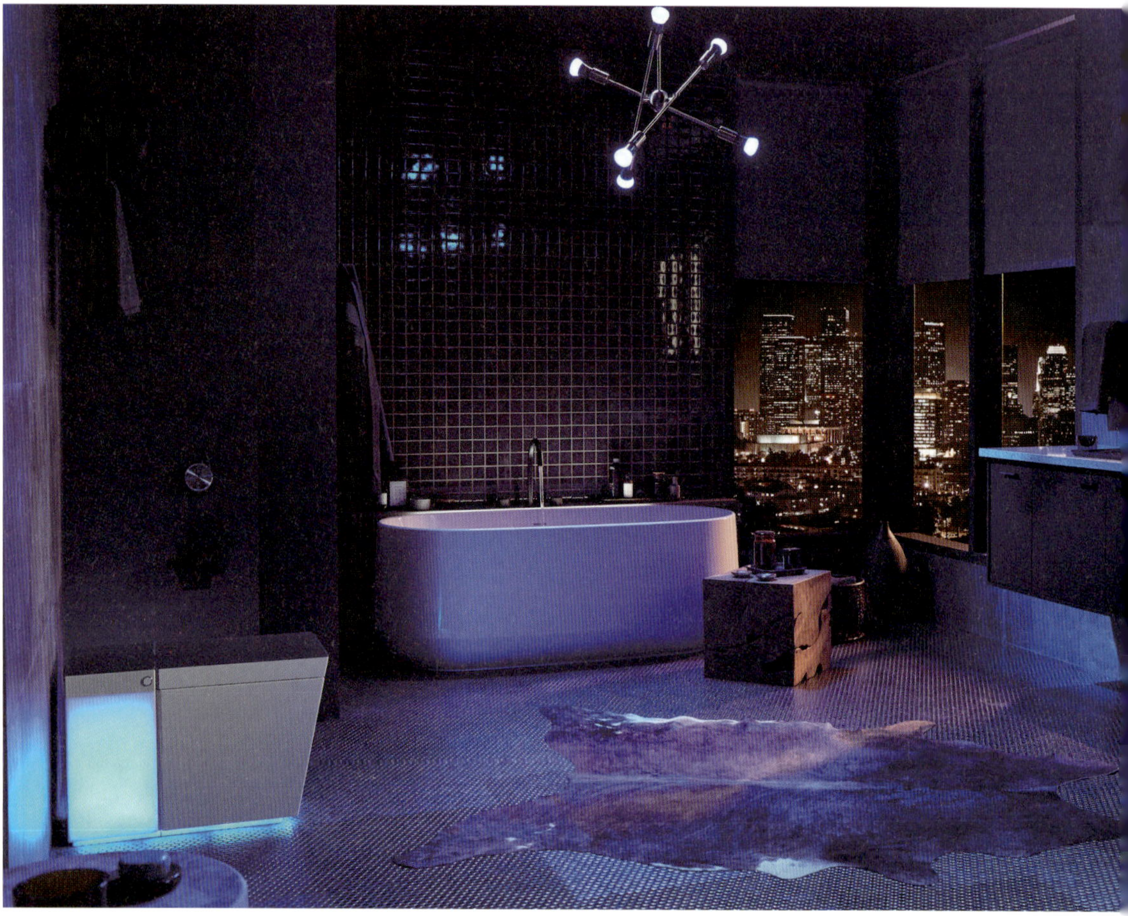

콜러에서 스마트홈 기술을 적용해 만든 최첨단 스마트 욕실, 콜러 커넥트Kohler Konnect의 모습.

©Kohler

©LG하우시스

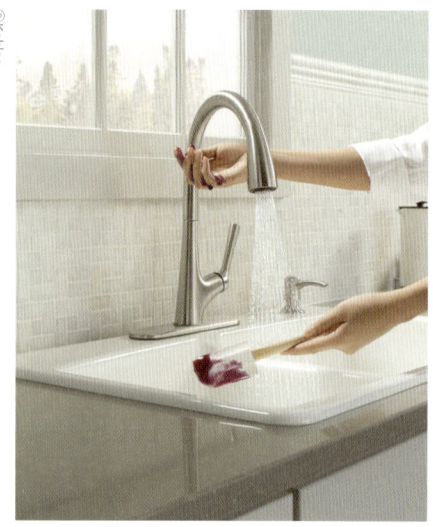

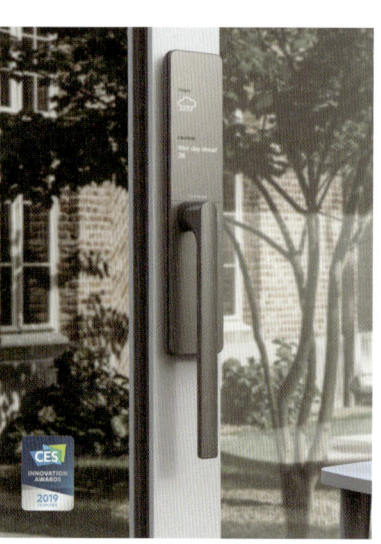

(왼쪽부터)
콜러의 말레코Malleco 터치리스
주방 수전과 LG하우시스의
히든 디스플레이 핸들.

상황이 벌어지지 않도록 안전성을 확보하는 데에 집중한다. 동작을 멈췄을 때 부하를 버티지 못하고 떨어지지 않도록 잡아주는 자동 잠금 기능이나 침대의 무게에 의해 등판이 자연스럽게 내려가도록 하는 스플라인 기능은 모두 안전성을 위해 액추에이터에 접목된 기술이다.

전동 액추에이터 시스템은 책상이나 침대 각각에 움직임을 더하는 것에서 더 나아가 가구를 효과적으로 활용할 수 있도록 용도를 전환하는 역할을 하기도 한다. 일례로 가정에서는 침대에 액추에이터를 적용해 책상으로 바꿔 사용하거나 책상의 높이를 몇 단계로 조절해 시간대에 따라 식탁이나 아이들의 놀이 책상, 어른들의 작업대 등의 여러 방식으로 활용한다. 최근에는 스마트 오피스 플랫폼을 만드는 회사인 고브라이트GoBright와 함께 책상 예약Desk Booking 솔루션을 구축하기도 했다. 이 솔루션은 재택근무, 유연근무제가 도입되면서 자리를 옮겨가며 일하게 된 요즘의 근무환경에 맞춰 개발된 것으로, 책상에 개인 ID 카드를 스캔하거나 애플리케이션에 로그인하면 사용자가 지정한 정보대로 높낮이와 각도가 바뀐다. 또 전체 공간의 이용 현황을 파악하거나 자리를 예약할 수도 있다. 이처럼 전동 액추에이터 시스템은 생활의 변화에 발 빠르게 대응하며 공간의 효율적인 이용을 돕는 아이템으로 발전을 거듭하고 있다.

앞으로 등장할 신기술 하드웨어

창호나 가구에 접목되는 신기술은 하드웨어를 통해 구현되는 경우가 많다. 적용하려는 기술이 대부분 하드웨어의 주요 기능인 움직임과 관련되어 있기 때문이다. 더욱이 하드웨어에 기술을 접목하면 별도의 장치를 추가할 필요가 없고, 제조와 관리 면에서도 효율적이다.

이제 가구에 무선 충전 기능을 추가하거나 가전을 결합하는 것은 일상적인 일이 되었다. IoT를 비롯한 스마트홈 기술이 하드웨어에 활발하게 접목되고 있고, 코로나19의 대비책으로 접촉을 줄이는 터치리스 제품과 음성 명령 시스템은 개발이 더욱 늘어날 것으로 보인다. 미국의 주방·욕실 브랜드인 콜러는 샤워 수전IHd05에 IoT 기술을 접목해 토수량과 물줄기의 세기, 증기와 조명, 음악을 사용자에 맞춰 조정하고 음성으로 제어하는 DTV+™을 선보였다. 또 베르데라 스마트 미러Verdera Voice Lighted Mirror는 거울에 조명, 캘린더, 음악 재생 등의 기능을 추가하고 음성 명령으로 작동하도록 해 욕실에서의 행위를 확장한다. LG하우시스에서는 창호 손잡이IHa02에 IoT 기술을 접목한 히든 디스플레이 핸들을 선보이기도 했다. 이 손잡이는 날씨 예보와 미세먼지, 실내 공기 질 등의 정보를 수집하고 환기가 필요한 경우 화면에 표시해준다.

인테리어 하드웨어는 창호나 가구의 작동을 돕던 제한적인 역할에서 벗어나 와이파이 송수신기처럼 기술을 받아들이고 공간의 변화를 주도하는 방향으로 진화하고 있다. 앞으로는 또 어떤 기술들이 새롭게 결합하게 될까? 생활의 질을 높여줄 하드웨어의 또 다른 진화를 기대해본다.

취재를 도와준 브랜드

리낙코리아 www.linak.kr, 02-6231-1515
융코리아일렉트릭 www.jung-korea.com, 02-3446-3955
콜러 www.kohler.co.kr, 02-3488-1824
LG하우시스 www.lghausys.co.kr, 1544-1893

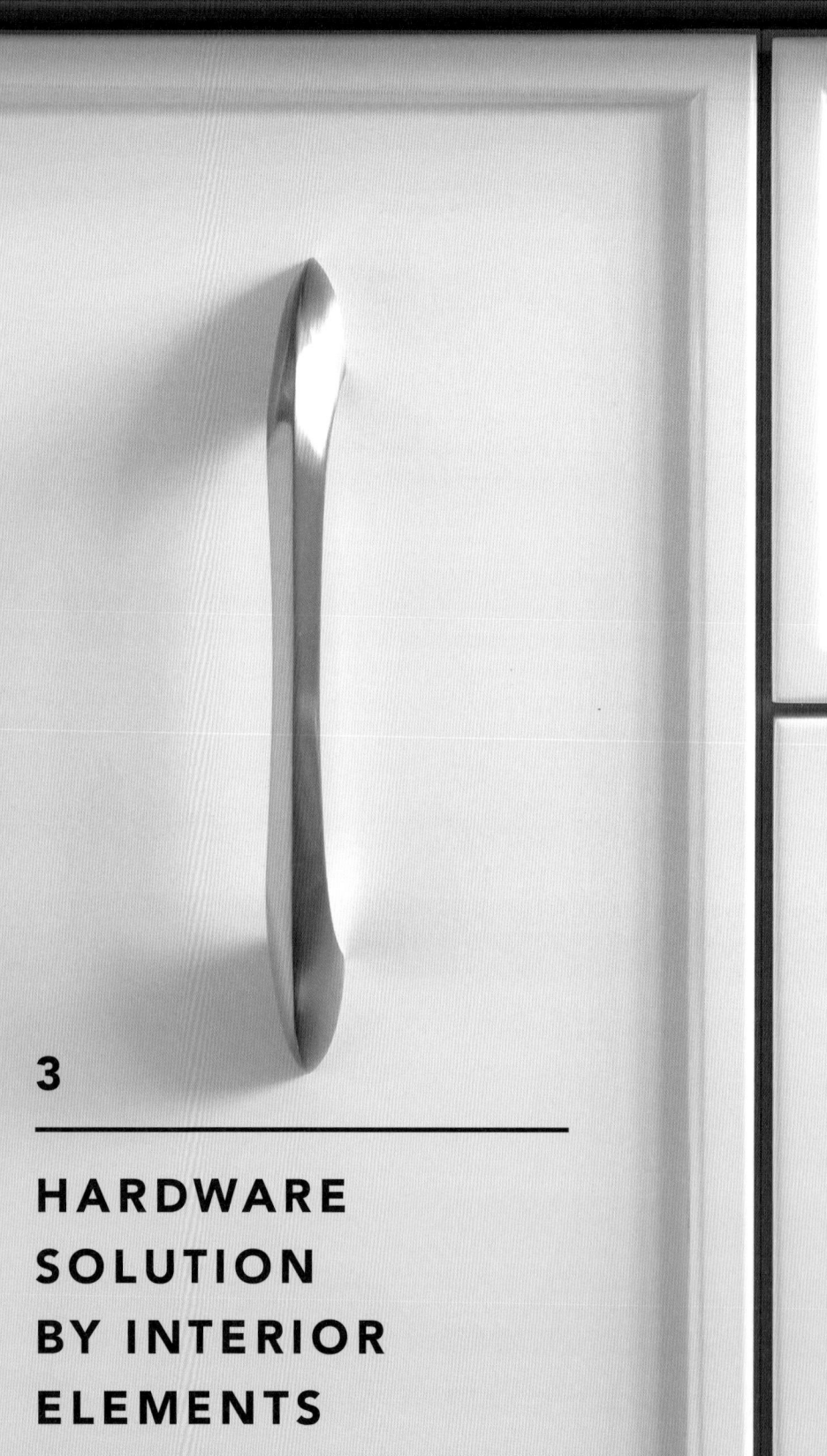

3

HARDWARE
SOLUTION
BY INTERIOR
ELEMENTS

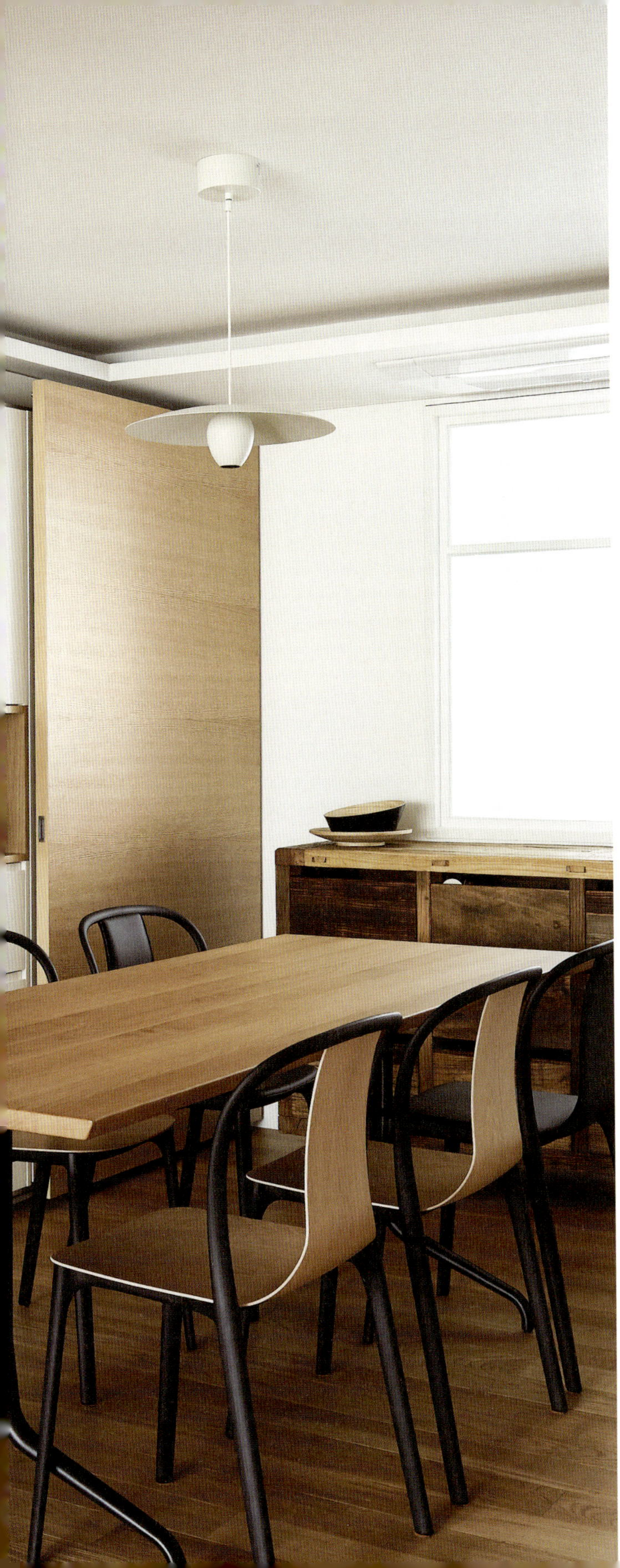

3.1

Door Hardware

문의 하드웨어

문은 공간의 규모나 용도에 맞춰 개폐 방식을 선택하고, 그에 따라 사용하는 하드웨어가 달라진다. 문의 여닫음을 구현하는 하드웨어에 대해 살펴본다.

DOOR

Types of
Door Hardware

여닫는 방식에 따라 분류하는 문 하드웨어

문 하드웨어는 부재를 연결하는 동시에 여닫음을 관장하는 장치로, 문에서 빼놓을 수 없는 핵심 자재다. 문의 네 가지 개폐 방식을 알아보고 각각에 쓰이는 하드웨어의 종류와 역할을 살펴본다. 글 정신오

미닫이문의 하드웨어

문짝을 수평으로 개폐하는 미닫이문은 면적이 좁은 곳에서 공간을 넓게 활용하고 싶을 때 좋은 선택지다. 문짝의 노출 여부에 따라 문을 벽 속에 숨기는 포켓 도어Pocket Door와 겉으로 드러내는 노출 슬라이드 도어Hanging Door로 구분한다.

롤러 IHd01

문의 상하부에 설치하여 문짝을 이동시키는 하드웨어로, 단면의 모양에 따라 평형과 오메가형 그리고 V형으로 나뉜다. 평형은 레일과 닿는 면이 평평한 것을 말하며, 미소호차라고도 불린다. 주로 문의 하부에 설치한다. V형은 바퀴 가장자리가 둥글게 튀어나온 것으로, 홈이 패인 레일과 함께 사용한다. 마지막으로 오메가형은 바퀴 표면에 움푹하게 홈이 패인 롤러다. 뒤에 소개한 두 방식은 롤러와 레일이 서로 암수를 이루며 맞물리므로 이탈 위험이 적다.

컴포트 Comfort

컴포트는 롤러를 문짝에 고정하기 위해 사용하는 하드웨어를 지칭한다. 주로 상부에 설치하지만 문 아래에 롤러를 매립하기 어려운 경우에는 하부에 적용하기도 한다.

　컴포트는 설치 위치에 따라 형태가 다르다. 문짝의 윗면에 설치할 때에는 고정판이 평평한 평형을 쓴다. 포켓 도어처럼 상부에서 하중을 지지할 때에는 앞면을 감싸는 L형이나 앞뒷면을 모두 감싸는 ㄷ자형을 적용한다.

레일 IHd02

롤러가 지나다니는 길로, 문짝이 직선으로 곧게 이동하도록 잡아준다. 단면의 형태에 따라 평평한 ㄷ자형과 오목하게 패인 V형, 그리고 평판에 원기둥을 얹은 모양의 오메가형이 있고, 같은 종류의 롤러와 호환하여 사용한다.

상부 롤러

ㄷ자형 컴포트

레일

하부 롤러

여닫이문의 하드웨어

밀거나 당겨서 여는 문으로, 주변에서 가장 흔하게 볼 수 있는 형태나. 여닫는 방향에 따라 한 방향으로만 열리는 일방향형과
안팎으로 모두 열 수 있는 양방향형Swing Door으로 나뉜다.

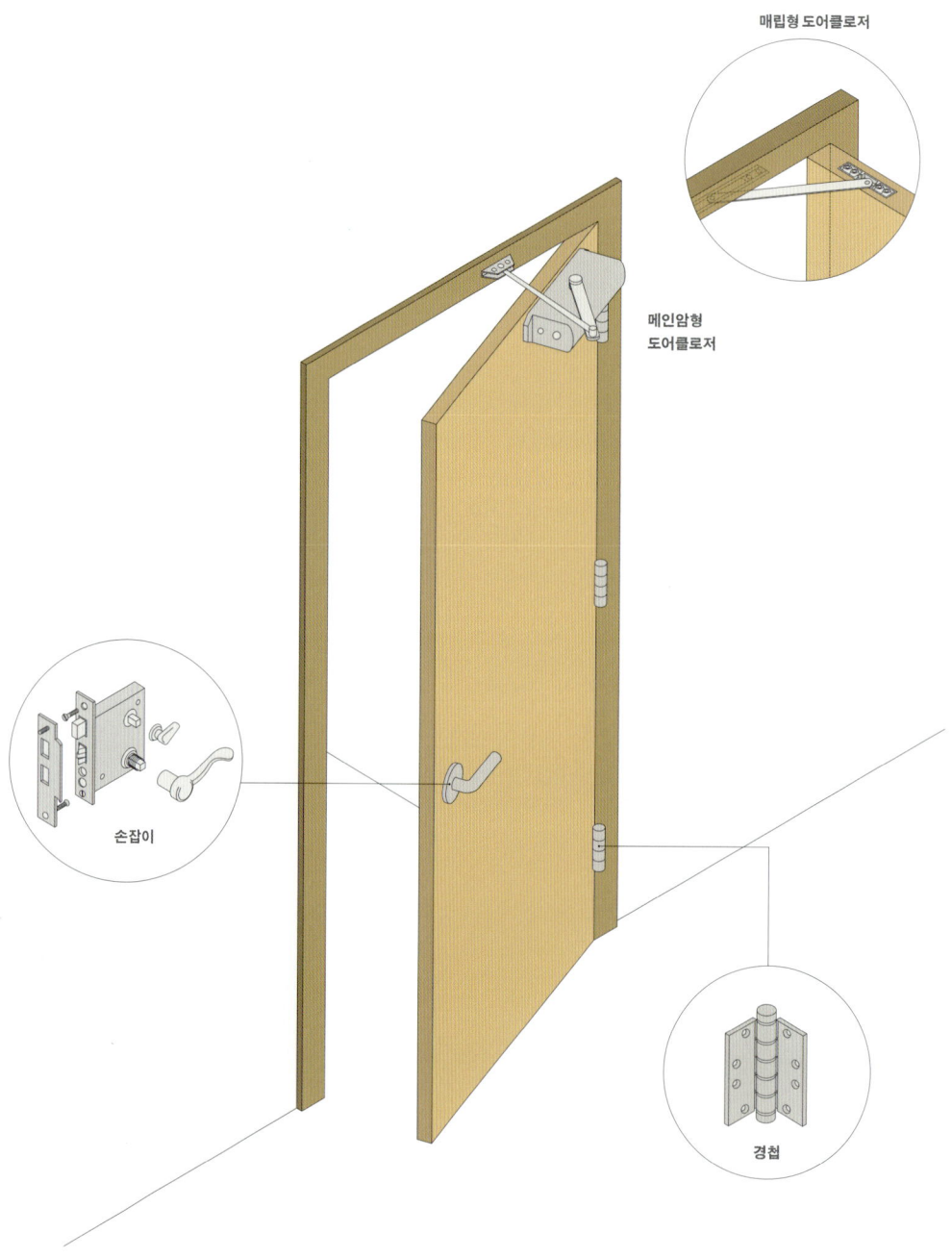

매립형 도어클로저

메인암형
도어클로저

손잡이

경첩

경첩 IHdh

경첩은 여닫는 동작을 담당하는 핵심 장치로, 문짝의 소재나 무게에 따라 다른 종류를 사용한다. 방화문이나 현관문처럼 무게가 무거운 문은 피벗 경첩IHdh04이나 스프링을 넣은 자유 경첩을 쓴다. 집에서 흔히 볼 수 있는 목제 문에는 지지 하중이 20~40kg인 경첩을 사용한다. 그중에서도 축을 중심으로 대칭을 이루는 버트 경첩IHd03이나 세로로 긴 장경첩IHdh07이 많이 쓰인다. 유리문의 경우 문짝 상부에는 피벗 경첩을, 하부에는 바닥에 매립하는 플로어 경첩을 적용한다. 플로어 경첩은 유압 장치를 이용해 문의 여닫는 속도를 조절하고, 회전축 역할을 하는 상부 고정 롯트와 함께 사용한다.

도어클로저 Door closer

압력이나 탄성을 이용해 문이 닫히는 속도를 조절하는 하드웨어를 도어클로저 또는 도어체크라고 부른다. 도어클로저는 메인암Main Arm형과 암레스Armless형이 있다. 전자는 압력을 조절하는 유압 장치와 관절처럼 접히면서 문을 연결하는 메인암으로 이루어진다. 보통 메인암의 팔 각도가 35°에 도달하면 문이 닫히는 속도를 늦추고, 각도는 유압 장치의 조절 밸브를 조이는 것으로 변경이 가능하다. 메인암형 제품을 선택할 때는 문이 열리는 방향을 확인해야 한다. 안으로 당겨서 여는 경우 ㄷ자 모양의 고정용 브래킷으로 메인암을 고정하지만 바깥으로 밀어서 여는 문은 ―자형이나 ㄴ자형을 이용한다. 암레스형은 내장된 스프링으로 압력을 조절하고, 피벗 경첩처럼 문짝의 측면 또는 상부 모서리에 고정한다.

도어스토퍼 Door stopper

도어스토퍼는 문의 위치를 고정해 주변과의 충돌을 방지하는 하드웨어를 말한다. 설치 부위에 따라 문짝 고정형과 벽 고정형, 바닥 고정형으로 나뉜다. 문짝 고정형은 아파트 현관문에서 흔히 볼 수 있는 말발굽 형태의 장치로, 문 버팀쇠라고도 부른다. 원하는 위치에서 도어스토퍼를 내리면 고무로 마감한 면이 바닥과 마찰을 일으키며 문을 고정한다.

벽과 바닥 고정형은 내장된 스프링의 탄성을 이용해 벽에 부딪치는 것을 막는다. 벽 고정형은 막대기 모양으로, 벽과 수직을 이루도록 설치한다. 바닥 고정형은 반달형과 직육면체 모양의 제품을 많이 적용한다.

손잡이 IHa02

여닫이문에서는 ㄱ자 모양의 레버형과 원형 핸들로 익숙한 노브형, 그리고 고리나 바 형태의 푸시앤풀 바를 주로 사용한다. 주거 공간에서 활용도가 높은 레버형이나 노브형은 손잡이 사이의 사각축이 회전하면서 문을 연다. 푸시앤풀 바는 상업 시설이나 업무 공간에서 많이 적용한다. 직접 밀거나 당기는 방식으로 문을 개폐하기 때문에 사각축, 캐치와 래치 같은 장치가 필요하지 않다. 덕분에 시공이 쉽고 간단하다. 단, 보안을 위해서는 잠금장치를 별도로 설치해야 한다.

접이문의 하드웨어

병풍처럼 접어서 여닫는 접이문은 전면을 개폐할 수 있어 용도가 가변적인 공간에 안성맞춤이다. 또 실내 공간을 야외로
확장할 수 있어 카페, 레스토랑과 같은 상업 공간에서 자주 볼 수 있다.

상부 롤러

경첩

손잡이 경첩

롤러 경첩

경첩

접이문은 여닫음과 이동을 동시에
구현해야 하므로 여러 기능을 결합한
복합 제품을 많이 적용한다. 대표적인
것이 롤러 경첩이다. 이 제품은 경첩에
롤러를 결합해 개폐는 물론 문이 부드럽게
움직이도록 돕는다. ㄷ자의 그립부를 더한
손잡이 경첩 역시 접이문에 자주 쓰이는
부재로, 시작점이 아닌 위치에서도 문을
접었다 펼 수 있도록 한다.

롤러

문이 열리면서 좌우로 이동할 수 있도록
돕는 하드웨어다. 위아래 한 쌍이 세트를
이루고 열었을 때 레일을 벗어나지
않는 지점에 설치한다. 롤러는 바퀴
개수에 따라 지지 가능한 하중의 무게가
달라지고, 바퀴 하나 당 약 20kg의
하중을 지지한다. 일반적으로는 바퀴가
3~6개인 제품을 많이 쓴다.

레일

세 개 이상의 바퀴를 적용하는 접이문
롤러의 특성상 선로가 두 줄인 레일을
적용한다. 대개 문의 상하부 두 곳에
설치한다. 하지만 발이 걸릴 위험이 있는
공간이라면 상부에만 레일을 설치하기도
한다.

미세기문의 하드웨어

두 개 이상의 문을 여닫는 방식으로, 연동문이라고도 부른다. 미닫이문과 달리 문을 완전히 열지 못한다는 단점이 있다.
주거 공간에서 외기를 차단하는 중문으로 자주 쓰인다.

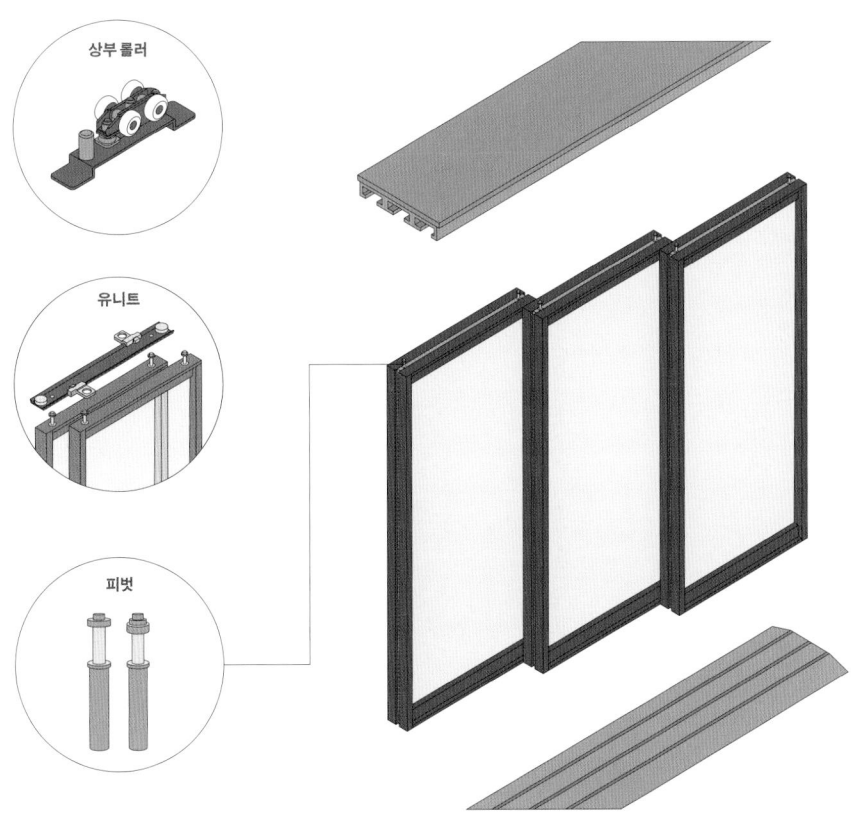

롤러

미세기문의 롤러는 단독으로 쓰지 않고 다른 하드웨어와 연결해 사용한다. 하부 롤러의 경우 브래킷에 바퀴를 끼우고, 문짝 하부 홈에 삽입하는 방식으로 설치한다. 설치 후에는 브래킷 측면의 나사를 조여서 롤러의 위치를 상하좌우로 조정할 수 있다. 상부 롤러는 유니트라는 하드웨어를 이용해 문짝과 간접적으로 연결한다.

유니트 Unit

유니트는 문이 개별로 움직이되 다른 레일을 침범하지 않도록 위치를 유지해주는 하드웨어다. 문짝 상부에 돌출된 피벗을 유니트 홈에 끼우고, 그 위에 롤러를 고정하는 방식으로 시공한다.

레일

레일은 각각의 문짝이 개별적으로 움직일 수 있도록 만든 길이다. 문틀의 상하부에 유니트의 수만큼 설치하고, 단면의 형태에 따라 ㄷ형과 오메가형, V형으로 나뉜다.

사용한 하드웨어

① 경첩
제품명 고중량 피벗 경첩 M195
규격 145.3×66.05×121.8 mm
제조사 ㈜금동에스씨

② 문손잡이
제품명 분리형 핸들
(handle on rose)
No.1300/2033
규격 148×75×72.5mm
제조사 Dieckmann

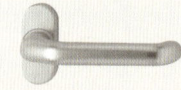

제품명 도어 키커버 라운드
(Clip-on key rose) No.813
규격 34×75×6mm
제조사 Dieckmann

③ 잠금장치
제품명 Narrow Stile Lock
규격 35×92mm
제조사 G-U

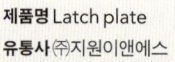

제품명 Latch plate
유통사 ㈜지원이앤에스

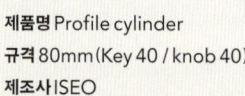

제품명 Profile cylinder
규격 80mm(Key 40 / knob 40)
제조사 ISEO

④ 도어클로저
제품명 Closer body
Boxer 2-4 2V
규격 286 x 32 x45mm
제조사 GEZE

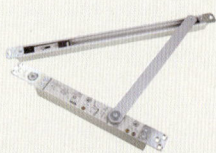

현관문은 실내와 실외의 경계로서 외기로부터 공간을 보호하기 위해 여닫이 방식을 적용하고, 대개 금속으로 만든다. 프레임을 제작하고 설치하여 문이 공간에 성공적으로 자리잡기까지의 과정을 담았다.
기획·디자인 **윤재선** 취재 협조 **기승메탈 황인철 대표**(shinil1005@hanmail.net)

① 구조 프레임 제작
각파이프나 철판을 이용해 구조를 만든다. 30×30mm의 각파이프를 용접해 2163×962mm 크기의 문짝 구조 프레임을 제작했다. 구조 프레임 두께는 문짝의 두께에서 목재의 너비만큼을 뺀 크기로 만든다.

② 프레임 타공
구조 프레임을 만든 다음 하드웨어를 설치할 위치에 구멍을 뚫는다. 타공 후에는 테두리에 아연도금강판을 두르고, 표면은 분체 도장 방식으로 색을 칠해 깔끔하게 마무리한다.

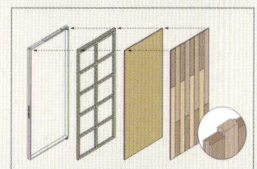

③ 프레임 제작
각파이프 사이에 보온재를 채우고, 두께가 5mm인 방수 합판과 8mm인 무절 적삼목을 덧댄다. 목재를 고정할 때는 프레임에 접착제를 발라 합판을 붙이고, 그 위에 타카를 쏜 뒤 다시 접착제를 발라 적삼목을 붙인다. 적삼목은 암수를 끼우는 방식으로 설치하고, 합판과 마찬가지로 연결부위에 타카를 쏘아 흔들리지 않도록 한다.

④ 하드웨어 설치
패널에 하드웨어를 설치해 문으로서의 기능을 불어넣는 단계다. 레이저를 이용해 손잡이와 잠금 실린더가 놓일 위치에 구멍을 뚫고, 도어클로저, 캐치와 래치, 손잡이를 차례로 고정한다.

⑤ 경첩 설치
문을 현장으로 운반한 뒤 프레임과 문짝에 피벗 경첩을 설치한다. 피벗 경첩은 문틀에 용접하여 고정한 캡에 문짝의 돌출부를 끼우는 방식으로 고정한다. 경첩은 하부에서 상부의 순서로 고정하여 문짝이 빠지지 않도록 한다.

⑥ 도어클로저 설치
문짝을 설치한 다음에는 도어클로저를 연결해 문의 닫히는 속도를 조절한다. 사진은 매립형 도어클로저로, 문틀에 내장된 레일에 팔의 역할을 하는 암대를 끼우고, 육각 렌치로 조절밸브를 조여 속도를 조절한다.

⑦ 수평 맞추기
문 설치가 끝나면 마지막으로 수평을 조정한다. 하부 경첩 윗면에 ㅡ자로 나 있는 홈을 드라이버로 돌려서 캡을 뺀 뒤 조절 볼트로 수평을 맞춘다. 문은 조절 볼트를 시계방향으로 돌리면 위로, 반시계방향으로 돌리면 아래로 움직인다.

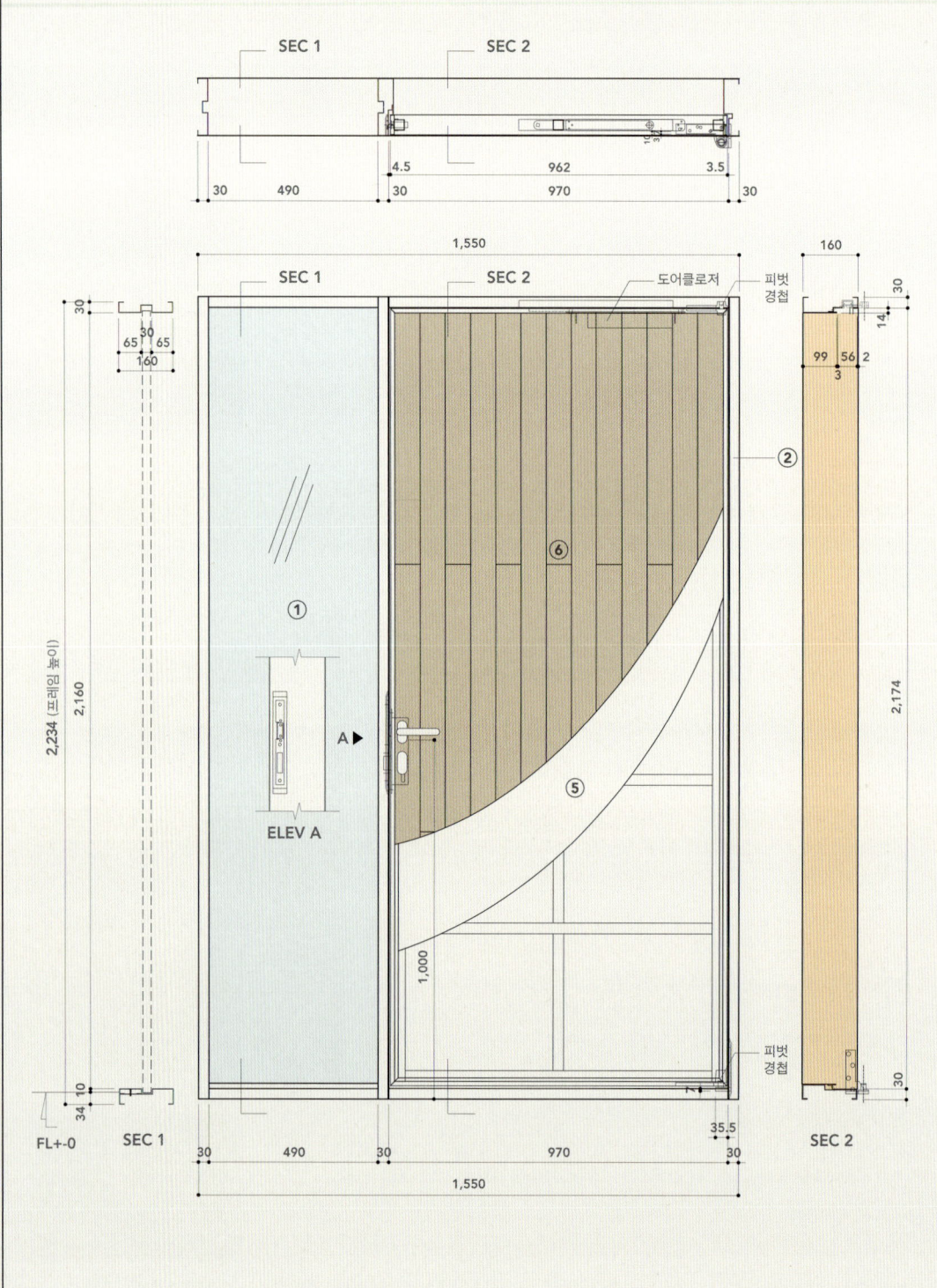

SEC 1   SEC 2

30   490   4.5   30   962   3.5   30

30   970

1,550

SEC 1   SEC 2   도어클로저   피벗경첩

160

30

99   56   2

3

②

2,174

①

⑥

ELEV A

A ▶

⑤

1,000

2,234 (프레임 높이)

2,160

30

30

65   65

160

34   10

FL+-0   SEC 1

30   490   30   970   30

1,550

피벗경첩

35.5

SEC 2

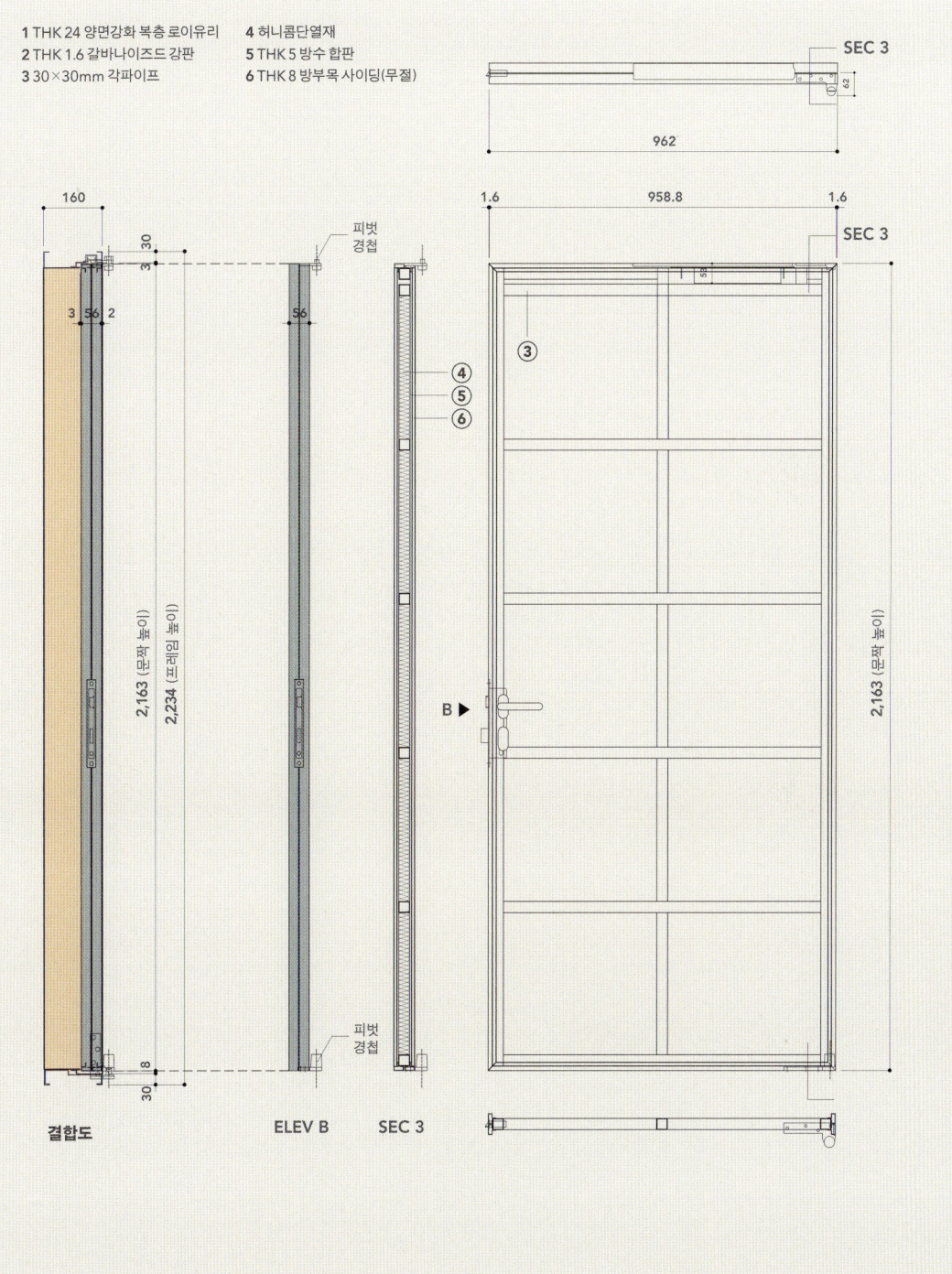

1 THK 24 양면강화 복층 로이유리　**4** 허니콤단열재
2 THK 1.6 갈바나이즈드 강판　**5** THK 5 방수 합판
3 30×30mm 각파이프　**6** THK 8 방부목 사이딩(무절)

SEC 3

962

1.6　958.8　1.6

SEC 3

피벗
경첩

160

③

④
⑤
⑥

2,163 (문짝 높이)
2,234 (프레임 높이)

2,163 (문짝 높이)

B ▶

피벗
경첩

결합도　ELEV B　SEC 3

만지고 싶은 디자인 손잡이 11선

주변의 손잡이를 둘러보면 대부분 밋밋하고 일률적인 형태다. 여기 브랜드와 디자이너의 특색을 살려 공간에 생기를 더하는 디자인 손잡이를 소개한다. 글 정신오

시간이 흐를수록 더 아름다운
빈티지 디자인

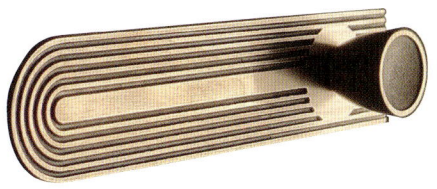

제나 JENA

제나는 선과 도형을 조합해 만든 단순한 형태와 기하학적인 패턴이 특징이다. 특히 녹이 슨 듯한 질감이 빈티지한 느낌을 한층 풍성하게 자아낸다. 이러한 재질은 황동으로 주조한 뒤 6개월 동안 자연스럽게 녹이 생기도록 관리하여 만든 것으로, 필립 와츠 디자인만의 시그니처다. 또 모든 제품은 재활용한 금속으로 제작하는데, 여기에는 건축 재료가 환경에 미치는 영향을 개선해 나가겠다는 브랜드의 철학이 담겨있다. **필립 와츠 디자인** Philip Watts design

제플린 Zeppelin

스페인의 디자이너 하이메 아욘 Jaime Hayon 이 디자인한 손잡이로, 1900년대 초 승객을 수송하기 위해 제작된 비행선 제플린에서 영감을 받았다. 그는 비행선의 형상을 닮은 기다란 타원체로 그립부를 디자인하고, 표면에 요철을 주어 입체감을 더했다. 또 요철 끝을 둥글게 마감하여 그립감을 살렸다.

색상은 녹색을 포함해 금색과 은색, 검정색 네 가지가, 재질은 유광과 무광, PVD 가공 등 일곱 가지가 있다. **디앤디** dnd

발터 그로피우스의 창호 손잡이

바우하우스의 초대 교장인 발터 그로피우스 Walter Gropius 가 디자인한 창호 손잡이로, "공간을 계획하는 것은 손잡이처럼 세부적인 요소까지 디자인하는 것"이라고 말했던 그의 이념이 담겼다. T자의 독특한 모양을 한 이 제품은 지름 18mm, 길이 99mm로 한 손에 쏙 들어올 정도의 아담한 크기다. 잠그는 방식은 핸들을 90° 돌리는 것으로 심플한 형태만큼이나 단순하다.

발터 그로피우스가 계획한 초기 디자인은 독일의 테크노라인에서 라이선스를 갖고 생산하고 있으며, 국내에서는 미뗌바우하우스 Mitdembauhaus 에서 정식 수입한다. **테크노라인** Tecnoline

블라스티드 블랙 시리즈 Blasted black series **의 HG 레버**

그립부가 삼각형 모양인 독특한 형태의 손잡이로, 손을 감아 쥐었을 때의 모양에 맞게 삼각형의 각도를 조절해 그립감을 살렸다.

단순한 형태가 오브제와 같은 느낌을 주어 미니멀한 공간에 안성맞춤이다. 채도가 낮거나 무채색의 공간이라면 매트한 질감의 블라스티드 블랙 색상을, 화사한 공간에는 광택이 있는 로즈 골드를 추천한다. **가와준**

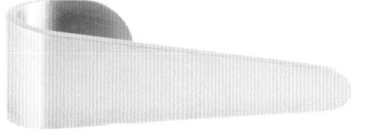

폴드FOLD

이름처럼 금속판을 곡면으로 접은 모양을 한 이 손잡이는 네덜란드의 제품 디자이너 토르트 분체Tord Boontje가 디자인한 제품이다. 폴드의 특징은 단순한 형태를 강조하기 위해 고안된 독특한 고정 방식이다. 이 제품은 문짝에는 카메라의 조립부를, 손잡이 안쪽에는 렌즈의 조립부를 설치하고 암수를 맞춰 끼운 뒤 비틀어서 결속한다. 고정 하드웨어를 최소화한 이 방식은 손잡이가 문에 떠 있는 것처럼 느껴지게 하여 폴드의 곡면을 한층 돋보이게 만든다. **포르마니**FORMANI

하디 테헤라니의 문손잡이

Bend 05 TLS-72V2A는 현대 건축가 하디 테헤라니Hadi Teherani가 디자인한 손잡이로, 넥과 그립부가 연결된 유기적 형태를 띈다. 그는 손잡이의 실용성을 높이기 위해 그립부를 살짝 누르면 문이 자동으로 열리도록 계획하였다.

테크노라인의 모든 문손잡이는 황동과 니켈, 크롬, 스테인리스 스틸의 네 가지 소재로 만들고, 크롬과 스테인리스 스틸은 광택의 유무를 고를 수 있다. 또 플레이트의 디자인이 다양해 공간의 분위기에 맞춰 조합하는 것이 가능하다. **테크노라인**

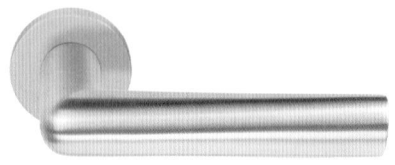

인크INC

네덜란드의 디자이너 피에트 분Piet Boon이 디자인한 인크는 넥에서 그립까지 이음매 없이 매끄럽게 이어지면서 끝으로 갈수록 타원형으로 납작해지는 형태가 특징이다.

손잡이는 스테인리스 스틸을 소재로 하여 은은한 광택을 띠고 미세한 금속 입자를 덧입히는 PVD 방식으로 표면을 마감해 내부식성이 우수하다. **포르마니**

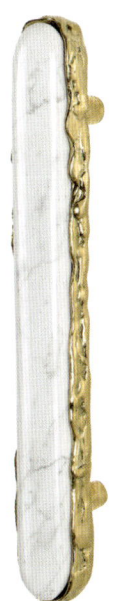

티파니 마블 Tiffany marble

티파니 마블은 포르투갈의 에스트레모즈 지역에서 채석한 대리석에 황동 프레임을 감싼 손잡이다. 대리석 특유의 패턴이 우아함을 더하고, 황동의 광택은 공간을 화사하게 밝혀준다. 화려한 디자인은 '손잡이 본연의 기능에 충실하면서 작품처럼 예술성을 갖춰야 한다'는 포르투갈의 손잡이 장인 풀캐스트의 모토가 한눈에 드러난다. **풀캐스트**Pullcast

크리스탈 로얄 Crystal royal

투명한 수정에 질감을 입혀 위트를 더한 손잡이. 제품을 디자인한 네덜란드의 산업 디자이너 마르셀 반더스Marcel Wanders는 독특한 형태에 대해 "손잡이가 문을 여닫는 도구에 그치지 않고 공간의 경계에서 독특한 경험을 제공하도록 디자인했다"고 말한다.
　그의 말처럼 수정을 다각도로 깎아 만든 그립부는 손잡이를 감아쥐는 순간을 한층 유쾌하게 만든다. **올리바리**Olivari

토일레 시리즈 Toile series

토일레는 수중 세계의 신비로움을 재현한 오션 컬렉션의 제품 중 하나로, 암초와 산호초의 모양을 본떠 만들었다. 풀캐스트는 가지가 뻗어나가는 산호초 특유의 형태를 생동감 있게 만들기 위해 실제 산호로 본을 뜨고 황동을 주조해 제작했다. 토일레 시리즈는 문을 비롯해 옷장, 서랍과 같은 가구용 라인도 함께 마련되어 있다. **풀캐스트**

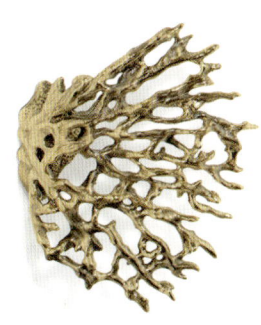

W×M 시리즈 Wood and Matal series 의 JN 레버

매끈한 금속과 따뜻한 질감의 목재를 조화롭게 배치한 손잡이다. 상반된 물성이지만 금속 표면에 헤어라인 가공으로 미세하게 수평의 줄을 그어 나무의 결을 표현했다. 덕분에 두 부재가 이질감 없이 어우러지면서 독특한 분위기를 자아낸다.
　W×M 시리즈는 목재의 종류와 금속의 재질을 공간의 분위기에 맞춰 다양하게 선택할 수 있다. **가와준**

취재를 도와준 브랜드

가와준코리아 www.kawajun.kr, 02-707-1691
디앤디 www.dndhandles.it/en, info@dndhandles.it
미뗌바우하우스 www.mitdembauhaus.com, 02-749-2326
세한루체 www.sehanluce.co.kr, 02-546-6760
포르마니 www.formani.nl, info@formani.com
풀캐스트 www.pullcast.eu, info@pullcast.eu
필립 와츠 디자인 philipwattsdesign.com,
sales@philipwattsdesign.com

공간의 경계를 디자인하다

위드지스withjis는 견고한 구조와 내구성, 세련된 디자인으로 실내 알루미늄 문의 트렌드를 제안한다. 그들이 만든 문에 더욱 믿음이 가는 것은 하드웨어의 생산부터 문의 제작, 시공까지 모든 과정을 직접 관리하는 세심함 때문이다. 공간의 용도와 규모에 적합한 문을 만들기 위한 노고와 그 속의 내밀한 이야기를 들었다.

글 정신오 인터뷰이 위드지스 노인영 과장 사진 제공 위드지스

감씨(감): 문을 비롯해 그에 수반되는 하드웨어를 직접 생산한다. 기성 제품을 적용하는 다른 문 제조사와는 차별화된 행보다.

노인영(노): 2014년 회사를 설립할 당시에는 우리도 대다수의 업체들처럼 하드웨어 전문 제조사에서 부자재를 구매해 사용했다. 하지만 이 방식으로는 계획했던 만큼의 성능이나 품질을 구현하기 힘들었다. 이를 개선하기 위해 제조사에 문의해도 피드백을 받기까지 오랜 시간이 걸렸다. 특히 우리는 시공과 A/S를 직접 진행하기에 하드웨어에 문제가 생기면 해결하는데 많은 비용과 시간 그리고 인력을 쏟아야 했다. 그래서 직접 하드웨어를 생산하며 품질을 관리하기 시작했다.

감: 어떤 종류의 하드웨어를 생산하나?

노: 크게 여닫이와 미닫이용 하드웨어가 있다. 전자는 경첩IHdh이나 손잡이IHa02, 캐치IHa05, 래치와 같이 방문에 쓰이는 하드웨어다. 미닫이문용 제품은 댐핑 시스템IHa01과 롤러IHd01, 그리고 레일IHd02이 대표적이다. 하지만 미닫이문은 상부구동형과 하부구동형, 상하부구동형, 연동형 그리고 고정형으로 세분화된다. 또한 현장의 상황이나 구조, 디자이너의 설계에 따라 적용 조건이 달라지기 때문에 하드웨어의 종류가 더 다양하다.

감: 개폐 방식에 따라 하드웨어에 요구되는 성능에도 차이가 있나?

노: 그렇지는 않다. 개폐 방식이 달라도 하드웨어에 요구되는 성능은 무게를 지지하고, 움직임을 구현하는 것으로 동일하다. 기본적으로 내구성과 안전성을 갖춰야 한다. 그 밖에도 시공 과정에서 생길 수 있는 문제점이나 문 프로파일과의 호환성, 디자인 요소 등을 신경 쓴다.

감: 미닫이문을 상부구동형과, 하부구동형 등으로 세분화하였는데, 그 기준은 무엇인가?

노: 하중을 지지하는 부위를 기준으로 구분했다. 상부구동형의 경우 문 위쪽에 부착된 롤러가 상부 레일을 따라 움직이면서 문을 개폐한다. 하지만 상부의 하드웨어만으로 80~100kg 가까이 되는 문짝의 무게를 지탱해야 하기 때문에 시공 전에 반드시 철제 보강재를 설치해야 한다. 그렇지 않으면 천장이 처지거나 문이 내려 앉을 수 있다. 반면 하부구동형은 문짝 아래의 롤러가 하중을 지지한다. 상부구동형과 비교해 설치 방식이 간단하기 때문에 리모델링할 경우 대부분 이 방식을 적용한다. 하지만 문의 무게가 문짝 아래의 롤러에 고스란히 전해지는 탓에 상부구동형보다 내구성이 낮고 수명이 짧다. 그래서 성능을 개선한 하부 롤러를 개발하고 있다.

감: 현관 중문으로 많이 쓰이는 연동문에 특히 강세를 보인다.

노: 우리는 상부구동형과 하부구동형으로 제품을 구분해 개발했다. 상부구동형 제품은 문틀의 폭이 2000mm인 고중량 문에 적용하는 것으로, 문짝 윗면에 연동 하드웨어를 설치하고, 철제 와이어로 엮어서 연결한다. 문틀의 폭이 2000mm

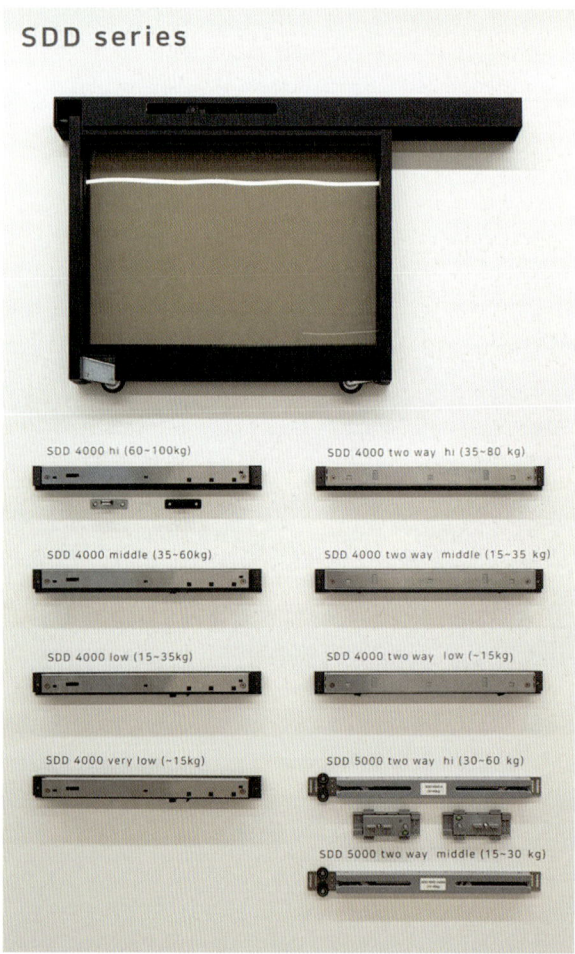

SDD series

SDD 4000 hi (60~100kg)

SDD 4000 two way hi (35~80 kg)

SDD 4000 middle (35~60kg)

SDD 4000 two way middle (15~35 kg)

SDD 4000 low (15~35kg)

SDD 4000 two way low (~15kg)

SDD 4000 very low (~15kg)

SDD 5000 two way hi (30~60 kg)

SDD 5000 two way middle (15~30 kg)

△△ 유리문에 적용하는 롤러, SDD-8400. 프레임 없이 유리에
바로 고정할 수 있다.
△ 미닫이문용 댐퍼인 SDD-4000. 허용 하중에 따라 제품을
세분화하였다.

미만이라면 하중이 상대적으로 적게 나가기 때문에 하부구동형이 적합하다. 하부구동형은 연동 하드웨어를 문짝이 아닌 분틀에 설치한다. 먼저 바닥면을 제외한 나머지 세 면에 하드웨어를 고정하고, 문틀 상부에 연동 하드웨어를 부착한 뒤 문짝 윗쪽에 설치된 피벗과 체결한다. 그럼 연동 하드웨어의 유니트가 문을 연속적으로 움직인다.

감: 그 밖에 문의 사용감을 개선하기 위해 개발한 제품이 있다면 소개해 달라.

노: 미닫이문용 댐퍼 시스템인 SDD-4000이 있다. 미닫이문에 적용하는 댐퍼는 대부분 가구용 제품이라 무게가 무겁고, 사용이 잦은 부위에 적용하면 금방 손상된다. 실제로 미닫이문에 적용한 댐퍼는 1~2년, 적게는 6개월 이내에 고장이 나서 교체하는 경우가 다반사다.

SDD-4000은 허용 하중(kg)에 따라 제품의 종류를 세분화해 무게가 15kg인 가벼운 문부터 100kg에 달하는 유리문까지 적용 범위가 넓다. 또 하드웨어에 내장된 스프링의 장력을 조절하여 댐핑 정도를 설정하는 것도 가능하다. 경첩에 댐핑 기능을 추가하여 도어스토퍼나 도어 캐처 없이도 문이 부드럽게 닫히는 여닫이용 경첩도 있다.

감: 최근 실내 문의 트렌드는 무엇이며, 그에 따라 하드웨어는 어떻게 변화하고 있나?

노: 몇 년전 까지만 해도 목재나 PVC 소재의 문이 시장의 대부분을 점유했다. 하지만 점차 알루미늄으로 만든 얇은 프레임의 유리문으로 바뀌고 있다. 가장 큰 이유는 외관이다. 두께가 60~80mm인 프레임을 사용했던 목제 문과 달리 알루미늄 문은 두께가 15~20mm로 얇다. 프레임이 얇아지면 투박한 모습이 상쇄되어 좀 더 세련된 분위기를 연출할 수 있다. 자연스레 내장되어 있던 하드웨어가 조금씩 외부로 노출되기 시작했고 하드웨어의 역할이 부자재에서 디자인 요소로 확장되었다. SDD8000~9000은 이러한 수요에 대응하여 개발한 제품이다. 대개 유리문은 롤러를 설치하기 위해 프레임을 다는데, 이 제품은 프레임 없이 유리에 바로 고정할 수 있다. 형태도 단순하여 유리문 특유의 개방된 효과를 극대화한다.

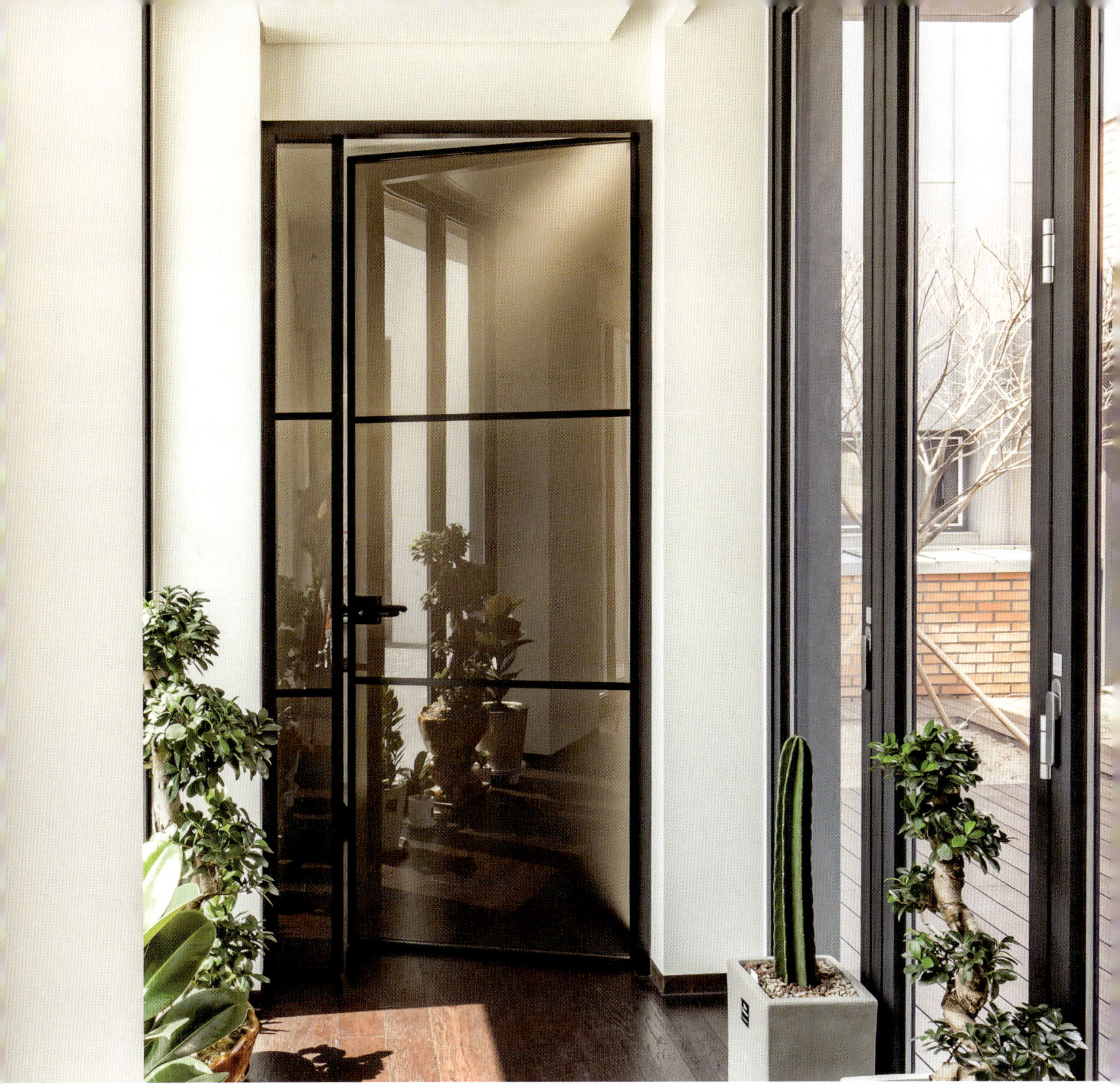

문의 프레임이 얇아지면서 하드웨어가 외부에 드러나기 시작했고 자연스레 겉으로 보이는 디자인이 중요한 고려 요소가 되었다.

위드지스

2014년 설립된 위드지스는 인천광역시 서구 원창동에 본사와 공장을 두고, 고급 실내창과 알루미늄 중문을 주력으로 제작하며 빠르게 성장하고 있다. 현재는 프레임리스 창호나 파노라마 창, 오피스 시스템파티션 등으로 범위를 넓히며 공간의 경계이자 디자인 요소로서 문의 가치를 알리는 데 힘쓴다.

www.withjis.com

3.2

Window
Hardware

창의 하드웨어

여러 인테리어 요소 중에서도 창호만큼
발달한 기술이 요구되는 것이 있을까?
수많은 방식으로 개폐하고 더위와 추운
바람을 견디며, 무거운 창짝을 들어올려
움직이기까지. 창의 지지와 작동을
책임지는 하드웨어에 대해 알아보자.

WINDOW

Types of
Window Hardware

창의 작동을 제어하는 다섯 가지 하드웨어

수많은 격벽으로 구획된 창호 프레임의 단면을 본 적이 있는가? 하드웨어는 그 복잡한 단면 사이에 자리하면서 창을 개폐하고 부드럽게 작동하도록 돕는다. 꼭꼭 숨어 있어 미처 그 존재를 알지 못했던 창 하드웨어를 만나는 시간. 글 정경화 자문 이건창호 창호개발팀 곽진식 팀장

창 하드웨어 변천사

창 하드웨어의 역할과 발달

창 하드웨어의 주요한 역할은 작동을 제어하는 것이다. 이를 수행하는 가장 기본이자 대표 장치는 여닫이창의 움직임을 담당하는 경첩IHdh과 미세기창의 롤러IHd01다. 여기에 손잡이IHa02와 잠금장치, 개폐 각도를 유지하는 고정대IHd03 등이 더해진다.

실리콘도 개스킷도 없던 창이 지금은 완연히 다른 모습으로 탈바꿈했듯 하드웨어도 큰 변혁을 거쳤다. 오늘날의 창 하드웨어는 알루미늄, PVC, 목재 등 프레임의 소재에 따라 사용하는 형태와 규격이 다르고, 턴앤틸트Turn&Tilt나 리프트앤슬라이드Lift&Slide처럼 작동 방식이 복합되면서 종류가 계속 늘고 있다. 초기에는 철재를 접어 만든 경첩을 프레임에 달아 여닫는 것이 전부였다면 지금은 손잡이를 움직여 4면의 잠금장치를 한번에 제어하고 개폐 속도를 조정하는 등 수행하는 기능이 다양해졌다.

소재에 따라 달라지는 형태

알루미늄은 내구성이 뛰어나 넓고 무거운 창을 만들 수 있다. 그래서 하드웨어도 그만큼 크고 두껍게 제작한다. 반면 PVC는 물성이 약해 하드웨어의 면적이 넓으면 하중을 감당하지 못한다. 또 목재는 넓게 파내면 쪼개지는 성질이 있어 홈을 안으로 깊게 파는 것이 유리하다. 이러한 특성 때문에 PVC와 목제 창의 하드웨어는 좁고 깊은 형태로 만들고 흔들리지 않도록 창틀 속에 깊이 설치해야 한다. 창 하드웨어가 발달한 유럽에서는 이 같은 물성을 고려하여 PVC와 목제 창을 위한 제품은 좁고 깊은 형상으로, 알루미늄 창을 위한 제품은 넓고 커다란 형상으로 구분하여 제작한다. 그러나 국내에서는 아직 소재에 관계없이 똑같은 모양의 하드웨어를 사용한다.

창호의 다양한 개폐 방식(감10 창호편 p.27 참고).

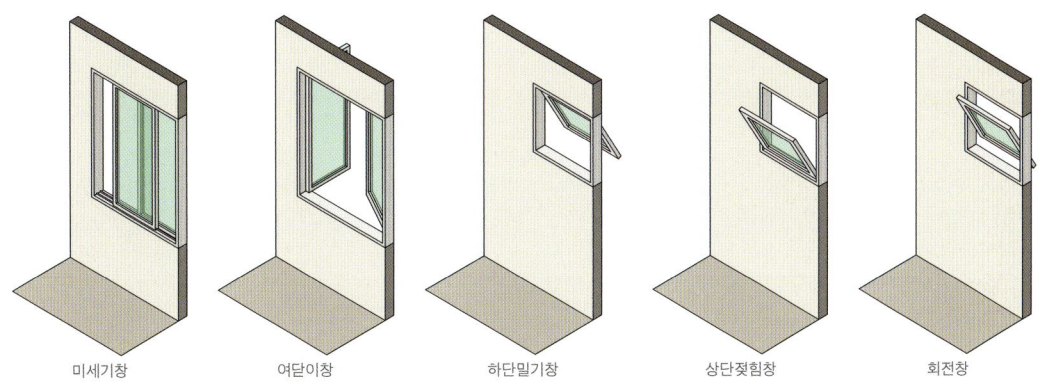

| 미세기창 | 여닫이창 | 하단밀기창 | 상단젖힘창 | 회전창 |

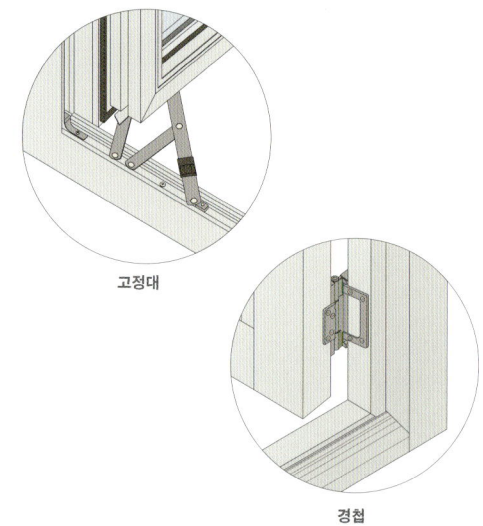

고정대

경첩

경첩

경첩은 창틀 옆면에 장착해 여닫는 동작을 구현하는 하드웨어를 뜻한다. 문에서 흔히 볼 수 있는 배럴 경첩Barrel hinge IHdh05과 삼발이 모양의 마운트 경첩Mount hinge IHdh09, 밖으로 노출되지 않는 비노출 경첩Concealed hinge IHdh10이 대표적이다. 이들은 모두 축을 중심으로 회전하는 피벗 원리를 바탕으로 작동하며, 위아래로 분리된 마디가 서로 다른 방향으로 회전하면서 창을 개폐한다. 또 다른 공통점은 버트 경첩IHdh03과 달리 형상이 복잡하다는 점인데, 이는 프로파일과 안정적으로 결합하기 위한 방법에서 비롯됐다. 예전에는 각파이프의 평평한 면에 경첩을 설치했기 때문에 접합하기 쉬운 간단한 형태로 제작했다. 그러나 요즘에는 프로파일에 맞물리도록 만들고 홈에 한 번 더 끼워서 더 단단하게 고정한다. 그러다 보니 예전보다 형태가 복잡해졌고 업체마다 각자의 프로파일에 맞춘 전용 하드웨어가 생겨났다.

비노출 경첩은 프레임에 매입하는 것으로 창에 단단히 밀착해 더 많은 하중을 견딘다. 외관이 깔끔한 데다 경첩을 고정하기 위해 창틀을 타공하지 않아도 돼 창의 기밀성이 더욱 높다. 이러한 장점 덕분에 가격이 일반 경첩보다 2배 정도 더 높음에도 대부분은 비노출 제품을 쓴다.

고정대

고정대는 창문이 갑자기 닫히지 않도록 개폐 각도를 고정하는 장치다. 버트 경첩을 설치한 여닫이창이나 회전창, 흔히 틸트창이라 불리는 상단젖힘창과 프로젝트창이라 부르는 하단밀기창에서 볼 수 있다.

예전에는 갈고리 모양의 막대나 강선을 창에 설치해 개폐 각도를 고정했지만, 요즘에는 대부분 레일 고정대를 쓴다. 이는 고정대가 창틀 위아래의 레일IHd02에 맞물리며 각도를 고정하는 방식으로, 장치가 항상 노출되는 예전의 방식과 달리 창이 닫히면 보이지 않아 외관이 깔끔하다. 상단젖힘창과 하단밀기창에서는 고정대가 개폐 각도를 조정하는 경첩의 역할까지 함께 담당한다. 이외에 직접 여닫기 어려운 천창이나 화재감지기, 자동 환기 시스템이 연결된 창에는 전동 구동 장치를 접목하기도 한다.

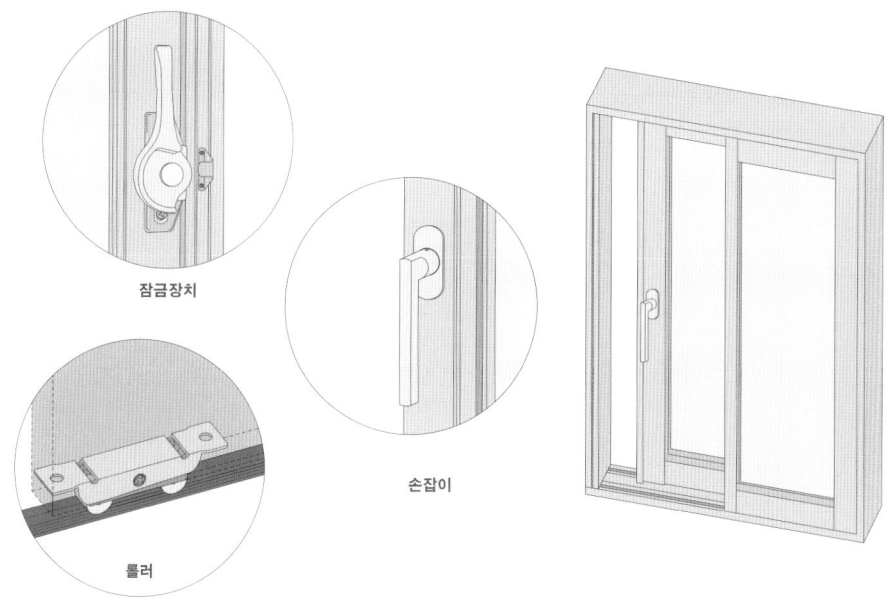

잠금장치

손잡이

롤러

롤러

미세기창에서 창짝의 움직임을 담당하는 바퀴 달린 장치를 롤러라 하고, 롤러가 지나다니는 길을 레일이라고 부른다. 롤러는 국내에서도 역사가 오래된 경첩과 달리 비교적 최근에 등장했다. 동양에서는 미닫이문의 목제 문틀에 양초를 발라 마찰력을 줄이는 방식을 썼고, 볼 형태의 바퀴를 굴려 이동하는 지금의 방식은 유럽에서 처음 개발됐다.

롤러는 지지 하중에 따라 종류가 나뉘고 창호의 소재에 맞춰 선택한다. 비교적 가벼운 PVC 창에는 지지 하중이 30, 50, 80kg인 롤러를, 그보다 무거운 알루미늄이나 목재 창에는 150, 250, 350kg이나 때로는 500kg에 달할 정도로 지지 하중이 훨씬 큰 제품을 쓴다. 일반적으로는 창짝 하나에 두 개의 롤러를 설치하고, 창짝의 무게와 크기에 따라 개수와 규격을 조정한다.

잠금장치

잠금장치는 창문을 기계적 방법으로 잠그는 하드웨어로, 실내의 방범과 안전을 담당한다. 예전에는 갈고리 모양의 걸쇠를 고리에 꽂는 창문 고리를 사용했지만, 요즘에는 자동 잠금장치인 오토락이나 초승달을 닮은 모양의

크레센트Crescent IHa06 를 많이 쓴다. 크레센트는 창틀의 옆면에 설치하는 것으로 미세기창에서 흔히 볼 수 있다. 창문을 닫은 후에 손잡이를 180°로 돌리면 걸쇠가 소켓에 걸리면서 잠긴다. 시스템 창호의 종류 중 하나인 턴앤틸트 창의 하드웨어는 여기서 한 단계 더 나아가 창짝의 네 면을 모두 잠근다. 우선 손잡이를 돌리면 래치가 튀어나와 프레임을 잡는다. 그 다음에는 손잡이에 맞물려 있던 기어의 양끝단이 벌어지면서 창틀의 스트라이커를 움직이고, 스트라이커가 창짝에 끼워지며 단단히 고정한다. 이 장치가 네 면에 걸쳐 설치되어 있고, 코너 드라이브가 각각의 면에서 이들을 서로 연결하고 있어 손잡이를 돌리면 일시에 작동한다.

손잡이

손잡이는 작동을 제어하는 장치인 동시에 창의 인상을 좌우하는 디자인 요소다. 대부분 몸체를 잡고 회전하는 힘으로 걸쇠를 움직여 개폐하는 그립형을 사용하고 손 끼임을 방지하는 스토퍼나 자동 잠금 기능을 더해 안전성을 높인다. 스테인리스 스틸이나 플라스틱 등 여러 소재를 쓰지만, 그중에서도 아노다이징 방식으로 표면을 처리한 알루미늄이 전 제품의 80% 가까이 차지할 정도로 비중이 높다.

시스템 창호의 하드웨어

시스템 창호는 둘 이상의 개폐 방식이 복합적으로 작동해 더욱 편리하고 쾌적한 환경을 조성한다. 여기에서 하드웨어는 다양한 개폐 방식을 가능하게 하고, 일체화된 시스템으로 작동해 창의 핵심 성능인 밀실함을 구현한다. 신체에 비유하자면 **뼈**대와도 같은 역할을 담당하는 셈이다.

1 턴앤틸트 시저
2 코너 드라이브
3 캠과 스트라이커
4 기어
5 손잡이
6 코너 힌지와 코너 베어링

턴앤틸트 창의 하드웨어

턴앤틸트 창은 여닫이창에 위에서 당겨 여는 틸트 방식을 접목한 창호다. 환기가 필요하지만 공간이 협소하거나 낙상의 염려가 있어 창을 여닫기가 어려울 때 주로 사용한다. 턴앤틸트 창의 하드웨어는 작동을 제어하는 손잡이와 기어, 직접 창을 움직이는 코너 힌지와 코너 베어링, 그리고 캠IHf04과 스트라이커 같이 잠금을 담당하는 장치들로 이루어진다. 그리고 두 가지 개폐 방식이 동시에 작동하지 않도록 막아주는 오작동 방지 장치를 코너 드라이브에 장착한다. 턴앤틸트 시저Scissor는 틸트 상태의 개폐 각도가 15°를 넘지 않도록 잡아주는 것으로, 손잡이가 위로 올라갔을 때만 작동한다.

리프트앤슬라이드 창의 하드웨어

리프트앤슬라이드 창은 일반 슬라이딩 창과 달리 창짝을 들어 올려 여는 것으로, 잠금 상태일 때에는 창짝이 레일에 단단히 밀착되어 있다. 리프트앤슬라이드 창의 하드웨어는 창짝을 들어올리는 동작을 수행하기 위해 손잡이부터 드라이브 기어와 코너 드라이브, 커넥팅 로드와 롤러까지 하나의 시스템으로 연결되어 있다. 손잡이를 돌리면 맞물려 있던 드라이브 기어가 사령부 역할을 하며 나머지 하드웨어의 움직임을 관장한다. 코너 드라이브와 롤러는 기어의 작동에 맞춰 창을 들고 위아래로 오르내리며 기밀성을 조정한다. 창짝 전체를 움직이기 위해 여러 종류의 부자재를 조합하고 각각이 맞물려야 하므로 제작이 까다롭고 가격도 그만큼 높다.

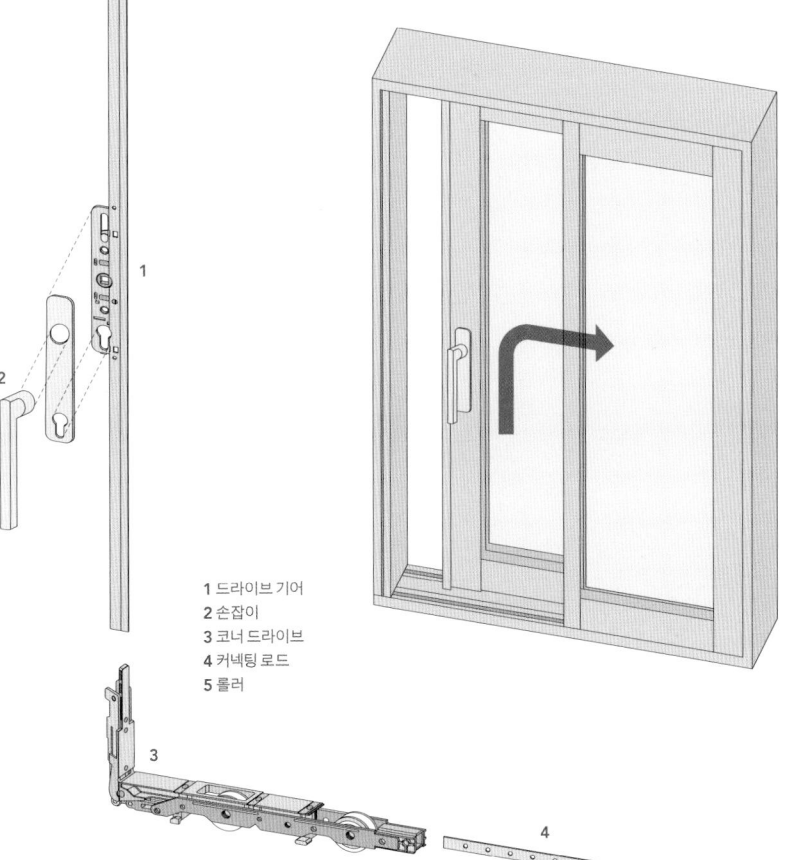

1 드라이브 기어
2 손잡이
3 코너 드라이브
4 커넥팅 로드
5 롤러

소재로 구현하는 하드웨어의 성능

×

쓰리지테크놀러지 이상도 대표

쓰리지테크놀러지는 당시 누구도 깊이 관심 두지 않던 창 하드웨어의 중요성을 일찍이 알아보고 1981년, 제조 사업에 뛰어들었다. 이후 40년 동안 꾸준히 시장을 넓히며 매출 212억의 규모로 성장하였고, 창호 하드웨어의 본고장인 독일에 제품을 수출하기에 이르렀다. 이상도 대표를 만나 쓰리지테크놀러지의 제품에 숨은 기술과 노하우를 들어본다.

인터뷰 정경화

감씨(감): 창에서 하드웨어의 역할을 한마디로 설명한다면?

이상도(이): 창은 유리와 새시, 창문틀(프레임), 그리고 하드웨어로 이루어진다. 유리는 시야를 열어주어 창의 존재 목적을 충족시키고, 새시는 유리가 쓰러지지 않도록 고정하는 기능을 담당한다. 이 둘을 합쳐 창짝이라 부른다. 창문틀은 창짝을 건물에 장착하는 역할을 하고 새시와 창문틀을 합쳐 프로파일이라 부른다. 마지막으로 하드웨어는 새시를 작동시키는 장치로, 개폐 방식을 결정하고 다양한 기능을 접목해 창에 생명력을 불어넣는다.

감: 어떤 종류의 하드웨어를 생산하나?

이: 리프트앤슬라이드 하드웨어(이하 L/S 하드웨어)가 40~45%, 롤러IHd01가 40%의 비율로 미세기창의 하드웨어가 생산량의 대부분을 차지한다. 이외에 잠금장치와 손잡이IHa02가 있고 창호가 아닌 커튼월용 하드웨어도 제조한다.

감: 미세기창의 하드웨어에 특히 집중한다.

이: 본래는 여닫이창의 하드웨어인 경첩IHdh과 턴앤틸트 하드웨어도 생산했으나 2012년, 품질이 더 높은 미세기창의 하드웨어에 집중하는 것으로 재편성했다. 대신 여닫이창의 하드웨어는 독일 로토Roto 사의 제품을 유통한다. 이곳은 턴앤틸트 하드웨어를 최초로 개발한 회사로 특히 여닫이창의 하드웨어에 강세를 보이고 품질도 뛰어나다.

감: 미세기창의 장점을 꼽는다면?

이: 여닫이창은 개폐를 위해 일정 공간을 비워 둬야 하고 바람이 불면 세게 닫혀 방해가 된다. 또 하드웨어가 창의 옆면에서 하중을 지지하므로 크기가 제한적이다. 창이 넓어질수록 무게 중심이 멀어져 하중을 지지하기가 어렵기 때문이다. 반면 미세기창은 하부에서 무게를 나누어 지지하므로 폭이 넓어져도 문제없고 문을

△△ 쓰리지테크놀러지 이상도 대표.
△ 충청북도 음성에 위치한 본사 공장의 전경.

여닫기도 편하다. 수영장이나 파티오처럼 넓은 공간에 대형 창을 쓰는 경우라면 미세기창이 훨씬 유리하다.

감: 어느 나라에 제품을 공급하나?

이: 국내 시장에 공급하는 비중이 약 55%이고 나머지는 독일과 이탈리아를 비롯해 미국, 일본, 중국, 오세아니아 등에 수출한다. 제품은 주로 호텔이나 고급 주택에 공급하고 특히 내식성이 중요한 해안가 지역에서 많이 사용한다. 국내에서는 부산 해운대 엘시티의 발코니 창에 L/S 하드웨어를 공급했고, 2017년에는 흑석 아크로리버하임, 신반포 아크로리버뷰에 적용된 이건창호의 특수 L/S 창호를 위한 하드웨어를 생산하기도 했다.

감: 시장에 따라 선보이는 제품에 차이가 있나?

이: 국내에서는 일반 미세기창의 하드웨어를, 해외에서는 L/S 하드웨어를 주로 사용한다. 한국은 아파트 문화라 창을 크게 만들지 않는다. 크기가 작으니 고하중이 그다지 중요하지 않고, 미세기창에 적용하는 일반 롤러로도 충분히 제 역할을

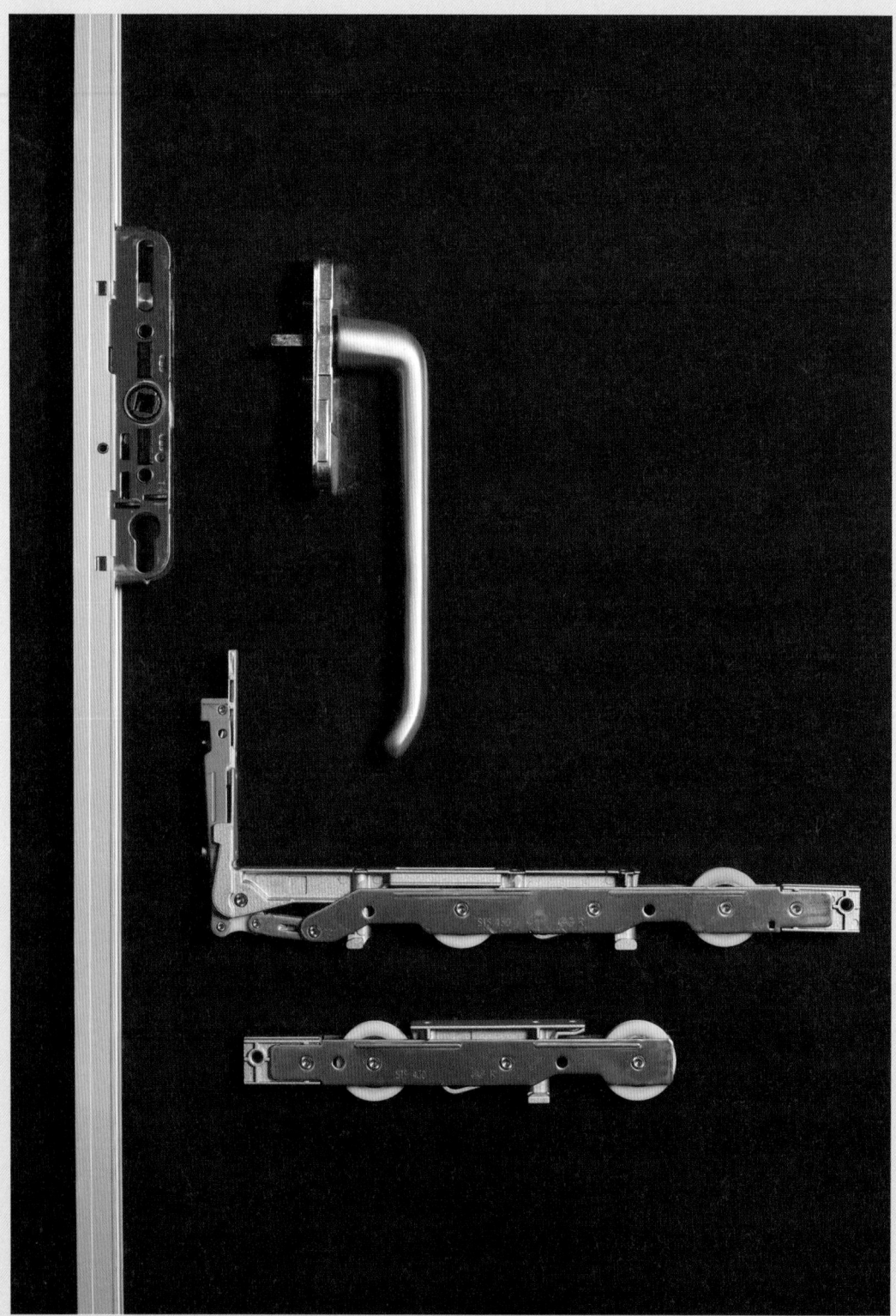

L/S 하드웨어를 구성하는 장치들. (왼쪽 위부터) 드라이브 기어와 손잡이, 코너 드라이브와 롤러.

한다. 그래서 간단한 기능으로 저렴하게 만드는 것에 집중한다. 반면 해외에서는 탁 트인 시야를 중요시하기 때문에 창짝 하나의 크기가 높이 4m, 길이 3m 이상인 대형 창을 사용한다. 대형 창은 대개 리프트앤슬라이드 창호로 제작하고, 일반 미세기창이더라도 고하중용 하드웨어를 써야 한다.

감: 리프트앤슬라이드 창호와 미세기창은 어떻게 다른가?

이: 미세기창은 단순히 밀어서 여는 방식이다. 창을 개폐할 때마다 레일에 설치된 모헤어가 쓸리면서 부드럽게 작동한다. 이렇게 늘 열릴 준비가 되어 있는 대신 밀폐율이 약하고 시간이 지날수록 마모되면서 기밀성이 떨어지는 것이 단점이다. 리프트앤슬라이드 창호는 이름처럼 창을 '들어 올린' 다음 밀어서 이동시킨다. 무거운 창을 들어 올리고 부드럽게 열리도록 하는 것이 핵심인데, 이 기능을 수행하는 것이 바로 하드웨어다. 손잡이를 아래로 내리면 롤러를 비롯한 하드웨어가 창의 하부를 들어 올리면서 부드럽게 움직이고, 반대로 위로 올리면 창이 내려가 프레임에 단단히 밀착한다. 창짝과 레일Hd02이 맞물리면서 하중을 효과적으로 분산시켜 부드럽게 움직이도록 한다.

감: 그렇다면 하드웨어에는 어떤 차이가 있나?

이: 전체가 하나의 시스템으로 움직이는 것이 차이다. 일반 미세기창은 두 개의 롤러와 손잡이, 잠금장치로 이루어지는데, 손잡이와 잠금장치가 같이 움직이고 롤러는 별도로 작동한다. 반면 L/S 하드웨어는 창호를 들어 올리고 움직이는 동작이 연속되기 때문에 하드웨어가 전부 연결되어 있어야 한다. 작동 방식을 살펴보면 손잡이를 당기는 힘이 연결된 드라이브 기어와 코너 드라이브, 커넥팅 로드를 타고 롤러로 전해진다.

쓰리지테크놀러지의 제품은 부식에 강한 스테인리스 스틸을 재료로 해 높은 내구성을 발휘한다.

I L/S 하드웨어는 손잡이의 작동과 개폐 행위를 5만 회 반복해 품질을 검증한다.

감: 그중 가장 중요한 역할을 하는 장치를 꼽는다면?

이: 롤러는 무거운 창을 여러 번 밀고 당겨도 문제없이 움직여야 하고, 드라이브 기어는 문의 무게를 버티면서 부드럽게 들어 올릴 수 있어야 한다. 드라이브 기어가 가장 복잡하고 기술력도 중요하지만, 전부 연결되어 있다 보니 사실상 모든 부재가 제 역할을 하면서 접점이 잘 맞아떨어져야 한다.

감: 제조 과정에서 하드웨어에 적용하는 특별한 기술이 있다면?

이: 우리는 부식에 강한 스테인리스 스틸을 재료로 하여 오랫동안 사용해도 높은 내구성을 발휘하도록 했다. 창호 하드웨어가 가장 발달한 독일에서도 하드웨어는 아연을 도금한 철재로 만든다. 하지만 철재는 아무리 도금을 잘해도 해안 지역 같은 악조건에서는 녹이 발생한다. 미국의 캘리포니아, 플로리다 같은 해안가나 기후 차이가 큰 동북아시아 지역에서는 우리 제품이 특히 유리하다.

그러나 스테인리스 스틸은 성능이 뛰어난 만큼 가공이 까다로운 것이 문제다. 엿가락 같은 물성이라 깨끗하게 잘리지 않고 버Burr가 많이 발생한다. 그래서 크기가 작고 두꺼운 부재일수록 만들기가 더 어렵다. 우리는 무수히 많은 연구와 테스트를 거친 끝에 소재에 최적화된 금형과 가공 조건, 기술을 찾아냈다.

감: 성능은 어떻게 테스트하나?

이: 창호 테스트가 단열이나 기밀 같은 성능을 확인한다면, 하드웨어는 제 기능을 얼마나 잘 수행하는지를 테스트한다. L/S 하드웨어는 독일의 공업규격(DIN, EN 13126-16)을 기준으로 손잡이의 작동과 개폐 행위를 5만 회 반복하면서 움직임에 문제가 없는지, 손잡이에 작용하는 힘이 더 커지지는 않는지 등을 확인한다.

감: 최근 창을 사용하는 트렌드는 무엇이며, 이에 대응해 창과 하드웨어는 어떻게 바뀌고 있나?

이: 탁 트인 시야를 확보하기 위해 창을 대형화하고, 그중에서도 유리의 면적을 늘리기 위해 노력한다. 그 결과 프레임은 건축물 안에 최대한 매립하고, 새시는 가능한 한 얇게 한다. 이에 맞춰 롤러의 크기를 줄이고 대신 개수를 늘린다. 바퀴의 소재를 플라스틱에서 좀 더 강한 스테인리스 스틸로 대체하기도 한다. 또 새시가 얇아지면서 잠금장치와 손잡이가 필요로 하는 두께를 확보하지 못해 설치 위치를 옮기는 경우도 있다.

하드웨어 중에서는 하중을 받는 장치인 경첩이나 롤러의 성능을 부지런히 개발하는 편이다. 현재 일반 미세기창의 하드웨어는 창짝 하나당 400kg의 무게를, L/S 하드웨어는 500kg까지 지지가 가능하고 600kg까지 견디는 것을 목표로 개발하고 있다.

1 원자재
원자재로는 포스코의 스테인리스 스틸
430과 439, 304를 주로 사용한다.
해안가나 기후 차이가 심한 지역에는
내식성이 강한 304를 쓴다.

2 성형 공정
금형에 원자재를 대고 프레스 기계로
눌러 형태를 만든다. 본사 공장에서는 총
15대의 프레스 설비를 보유하고 있고, 한
대당 하루 약 1만 2500개의 하드웨어를
생산한다.

3 조립 공정
성형이 끝난 부재에 바퀴를 비롯한
부품을 하나씩 조립해 완성한다.
롤러는 하루에 1만 5천~2만 개를, L/S
하드웨어는 1천 세트 정도 생산한다.
사람이 손수 작업해왔으나 2021년에는
로봇을 이용한 자동화 설비로 대체될
예정이다.

창 하드웨어 개발 각축전

패시브하우스 종주국인 독일에서는 건축의 기밀성을 높이기 위해 일찍부터 창호와 창호 하드웨어의 개발에 힘썼다. 산업화 이후 발달한 기술을 부지런히 축적한 독일의 창과 하드웨어 업체는 지금도 여전히 전 세계 시장을 선도하고 있다. 독일의 대표 창 하드웨어 브랜드를 만나 제품과 그 속에 담긴 강점을 살펴본다.

열림은 부드럽게, 닫힘은 밀실하게: G-U Gretsch-Unitas GmbH

G-U는 1907년, 프랑스와 독일의 창호 제조사들이 모여 설립한 유럽의 창호 하드웨어 브랜드다. 현재 전 세계 35개국에 3만 종이 넘는 제품을 선보이고 있으며, 특히 슬라이딩 하드웨어에 강세를 보인다. 이들은 창호 하드웨어 분야에 그치지 않고 건물 전체의 보안 환경을 관리하는 시스템을 비롯해 건축물의 개구부에 관한 다양한 솔루션을 제공한다.

인터뷰 정경화 인터뷰이 G-U 할드 웰러Harld Weller 수출 고객 관리 담당자, ㈜지원이앤에스 정쾌남 부장 사진 제공 G-U

감씨(감): G-U에 대해 간단히 소개해 달라.

할드 웰러(웰러): 전 세계 창호 하드웨어 시장을 선도하는 대표 회사 중에서도 업계 순위 2위를 기록할 정도로 매출이나 생산량 규모가 크다. 2019년 기준, 약 7000억의 매출을 기록했고 독일 내 시장이 35%, 수출 비중이 65% 정도다.

주로 창호와 환기 시스템, 자동 출입 시스템 등 건축물의 개구부와 관련된 하드웨어를 만들고 종합 시스템까지 함께 연구·개발한다. 제품은 창과 문의 하드웨어가 각각 40%와 37%로 대부분을 차지하고 환기 시스템과 자동 출입 시스템이 11% 정도다.

감: 어떤 분야에 특화하여 생산하나?

웰러: 제품군은 개폐 방식에 따라 턴앤틸트와 리프트앤슬라이드, 패러럴앤슬라이드, 패러럴 아웃 시스템으로 나뉘고 PVC, 목재, 알루미늄 세 가지 소재의 프로파일에 모두 적용이 가능하다. 그중에서도 특화한 분야는 슬라이딩 하드웨어 제품군이다. 우리는 100년 넘게 롤러IHd01를 제조해 왔고 1924년에는 슬라이딩 창호의

하드웨어를, 1958년에는 리프트앤슬라이드 하드웨어를 세계 최초로 개발·생산했다.

감: 한국에는 주로 어떤 하드웨어를 수출하나?

정쾌남(정): 한국에는 리프트앤슬라이드와 턴앤틸트, 패러럴앤슬라이드 시스템의 하드웨어를 공급한다. 그중 리프트앤슬라이드가 60%, 턴앤틸트 시스템이 25% 정도로 비중의 대부분을 차지하고 그 밖에 잠금장치나 플로어 힌지, 도어클로저 같은 문 하드웨어를 공급한다.

감: 대표 제품을 소개해 달라.

웰러: 리프트앤슬라이드 하드웨어로는 GU934와 937이 대표적이다. 이 제품은 창짝의 폭을 최대 3300mm, 높이는 최대 3250mm까지 적용할 수 있고, 최대 400kg의 하중을 지지한다. 틸트앤슬라이드 창호는 여기서 한발 더 나아가 손잡이IHa02 하나로 틸트와 슬라이드의 두 가지 작동을 제어한다. 이 방식은 G-U에서 최초로 개발한 것으로 GU966과 MZ 시리즈가 대표적이다. 창짝의 최대 폭은

G-U의 폴드앤슬라이드 하드웨어를 적용한 창호. 6개의 볼 베어링을 설치해
부드럽게 작동하고 최대 130kg의 하중을 지지한다.

2000mm, 높이는 2350mm까지 적용이
가능하고, 지지 하중은 최대 200kg이다.

　　폴딩 창호는 개구부를 완전히 개방할 수 있어
넓은 면적으로 환기가 가능하면서도 기밀성이
뛰어난 것이 장점이다. G-U의 폴드앤슬라이드
하드웨어는 6개의 볼 베어링을 설치해 매끄럽고
부드럽게 작동한다. 창짝의 폭은 최대 1000mm,
높이는 2350mm까지 적용 가능하고 하중은
최대 130kg까지 지지한다. 목재와 PVC 창에는
GU 923 제품을, 알루미늄 창에는 GU 822
제품을 사용한다.

갑: 다른 창 하드웨어 업체와 비교해 G-U의
강점을 꼽는다면?

웰러: 모든 제품은 본사 공장에서 생산하고 자체
실험실에서 EU 기준에 맞추어 성능을 검증한다.
이를 바탕으로 확보한 제품의 내구성과 높은
내식성이 강점이다. 일례로 리프트앤슬라이드
창호에 사용하는 롤러는 금속 볼 베어링과 강화
플라스틱으로 제작하고 친환경적인 FerGUard
방식으로 표면을 마감한다. 6가 크롬을 비롯한
유해 물질을 쓰지 않는 방법으로 3중 표면처리
과정을 거쳐 최소 500시간, 최대 1500시간까지
내구성을 보증한다. 페이스 가드 실버Face Guard
*Silver는 이보다 내식성을 더욱 강화해 습도가
높은 곳이나 해안 지역에서도 문제없이 적용할 수
있다.

갑: 최근에는 소프트클로징이나 배리어
프리처럼 사용자의 편의를 높이는 기능이
화두다. 이와 관련해 G-U에서는 어떤 제품을
선보이나?

정: 한국에서는 아직 자동화 시스템이
적극적으로 도입되지 않았지만, 유럽에서는
전동 작동과 중앙 제어 방식으로 빠르게 바뀌고
있다. 탁 트인 시야를 확보하기 위해 창이 갈수록
대형화되면서 리프트앤슬라이드 창호의
무게는 창짝 하나에만 300kg을 넘어간다.
갈수록 무거워지는 창에 수동 방식을 그대로
적용하는 것은 무리가 있다. 이에 대응해 우리는
거동이 불편한 사람도 쉽게 출입할 수 있는
전동 리프트앤슬라이드 창호를 선보였다. 이

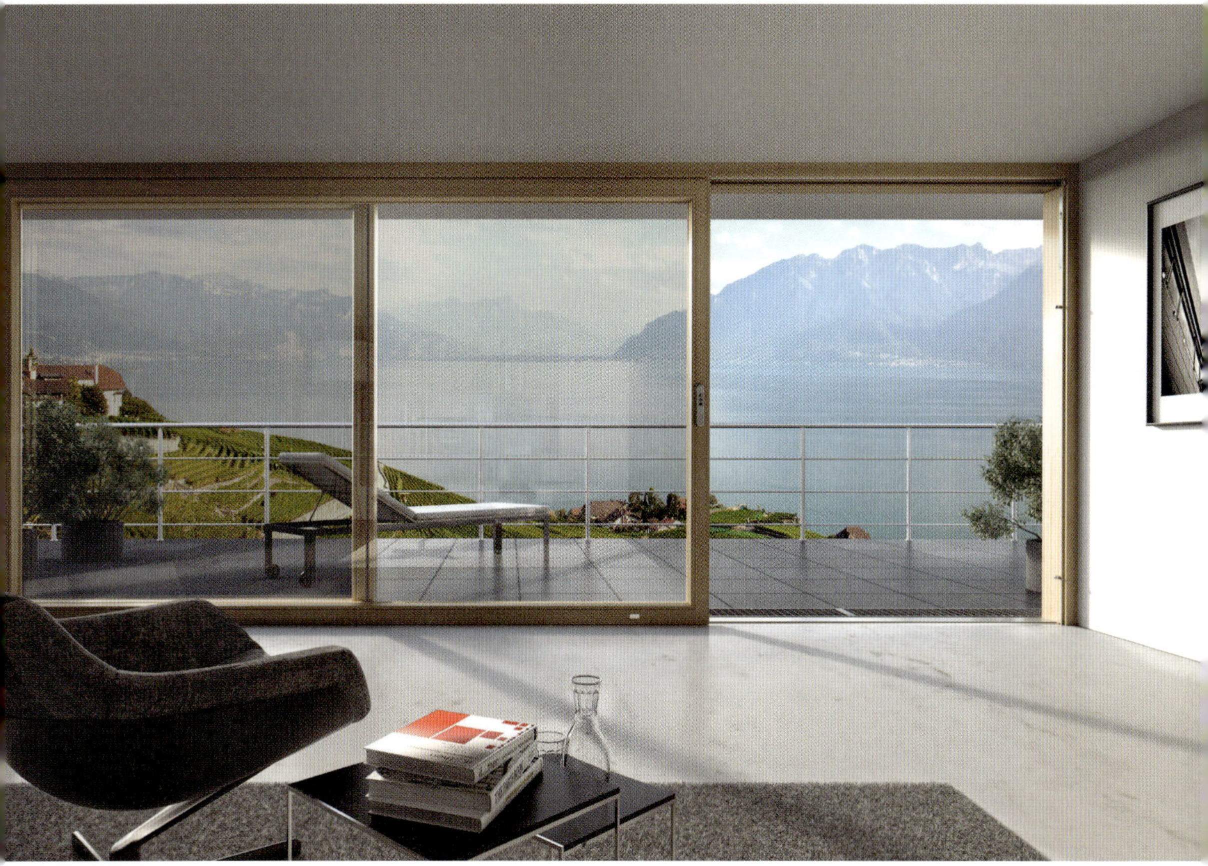

G-U의 전동 리프트앤슬라이드 창호는 전동 모터 드라이브인 HS ePOWER를 설치해 버튼을 누르면 문을 자동으로 개폐하고 잠근다.

제품은 롤러가 지나다니는 레일IHd02의 높이를 5mm 이하로 낮춰 발이 걸리지 않고, 전동 모터 드라이브 장치인 HS ePOWER를 설치해 버튼을 누르면 문을 여닫고 잠그는 작동까지 자동으로 수행한다. 모터는 비노출 제품이라 바깥에서 보이지 않으며 무선 리모컨이나 스마트폰으로도 조작이 가능하다. 이러한 자동화 시스템을 지속적으로 개발하는 한편, 전동 방식의 단점인 방범 문제를 개선하는 방안을 부지런히 고민한다. 그 방법으로 네트워크를 이용해 건물 전체의 환경을 관리하는 보안 시스템인 제모스Gemos나 여러 잠금장치를 적극적으로 연구·개발 중이다.

G-U

G-U는 1907년에 설립되어 100년의 역사를 자랑하는 글로벌 창호 하드웨어 제조회사다. 500여 개에 달하는 국제 특허를 가지고 있으며, 창호 제어를 위한 수많은 솔루션 시스템과 하드웨어를 제공한다.

www.g-u.com

정교하게 짜 맞추는 방법으로 기밀성을 높이다: 로토 Roto

로토는 1935년 턴앤틸트 창의 하드웨어를 최초로 선보이며 시장에 등장했다. 1957년에는 이를 알루미늄 창호에 적용한 하드웨어 시스템을 개발했고 지금까지도 여닫이창의 하드웨어에 강세를 보인다. 이 같은 결과의 근간에는 성능을 높이기 위한 꾸준한 기술 개발과 효율적인 제조 방식에 대한 고민이 담겨 있다.

인터뷰 **정경화** 인터뷰이 **로토 마틴 메르텐스**Martin Mertens 아시아 마켓 디렉터 취재 협조 **쓰리지테크놀러지** 사진 제공 **로토**(별도 표기 외)

감씨(감): 로토에서는 어떤 종류의 창 하드웨어를 생산하나?

마틴 메르텐스(메르텐스): 유럽의 시스템 창호를 대표하는 턴앤틸트 창호의 하드웨어를 비롯해 바깥열기창과 미세기창의 하드웨어를 생산하고 이 밖에 개별 부재인 잠금장치와 경첩IHdh, 손잡이, 그리고 개스킷과 차양까지 폭넓게 다룬다. 이렇게 여러 제품군을 다루는 것은 적재적소에 맞는 개폐 방식을 제공하기 위함이다. 연간 매출액은 9400억 정도다.

감: 그중 성능을 좌우하는 중요한 하드웨어를 꼽는다면?

메르텐스: 여닫이창에서 특히 중요한 하드웨어는 경첩과 잠금장치, 그리고 기어다. 경첩은 창의 옆면에 고정되어 무게를 지지하는 역할을, 잠금장치는 새시를 안전하고 밀실하게 닫아주는 역할을 한다. 마지막으로 기어는 창호의 작동을 조정하는 장치로 하드웨어의 사령부와도 같다. 이들이 상호작용하면서 다양한 작동 방식을 구현한다.

감: 한국에는 어떤 하드웨어를 주로 공급하나?

메르텐스: 한국에는 1990년대부터 하드웨어를 수출해왔고 여러 종류 중에서도 턴앤틸트 하드웨어의 비중이 가장 높다. 대표 제품으로는 PVC 턴앤틸트 창의 하드웨어인 NT와 NX 시리즈, 알루미늄 창의 하드웨어인 AL 300과 T540, 그리고 여닫이창과 턴앤틸트 창에 적용하는 디지그노Designo가 있다. 디지그노는 비노출 하드웨어로 깔끔한 외관을 구현한다. 이 밖에도 고기밀 슬라이딩 하드웨어인 로토 파티오 이노바Roto Patio Inowa, 여닫이문의 잠금장치인

도어 세이프Door Safe H, C, E 시리즈 등 다양한 제품을 공급한다.

감: 오랫동안 제품을 생산해왔는데, 효율적인 생산을 위한 노하우가 있다면?

메르텐스: 우리는 생산의 효율을 높이기 위해 모듈러 시스템과 클립앤핏Clip&fit 시스템을 도입했다. 모듈러 시스템은 창과 문의 하드웨어가 서로 호환되도록 설계하는 방식이다. 이를 바탕으로 범용 부품의 비율을 늘리고 생산 과정을 표준화하여 제조의 효율을 높였다. 일례로 틸트앤슬라이드 하드웨어인 로토 파티오 알버사Roto Patio Alversa에는 턴앤틸트 하드웨어의 기어와 코너 드라이브를 사용했다.

클립앤핏 시스템은 모든 하드웨어를 끼워 맞춰서 고정하는 설계법이다. 이러한 조립 방식을 도입하면 자동화 설비를 이용한 빠른 생산이 가능해 제조부터 설치, 보관과 물류에 이르는 전 단계에서 비용을 줄이고 효율을 높일 수 있다.

감: 대표 하드웨어 제품은 무엇인가?

메르텐스: 대표 제품은 턴앤틸트 하드웨어 시스템인 NX 시리즈다. 이전 버전인 NT 시리즈에서 성능이 검증된 부품에 새롭게 개발한 부재를 결합한 것으로 창 하드웨어의 핵심 조건인 효율성과 디자인, 방범 성능과 편리한 사용성을 고루 갖췄다. 최대 130kg의 하중을 견디고, 추가로 부품을 장착하면 150kg까지도 지지가 가능하다.

유럽에서는 창호의 기능으로 환기와 방범을 중요시한다. 이 두 기능을 함께 만족시키는 것이 바로 야간 환기(나이트 벤틸레이션, Night Ventilation)다. 이 기술은 닫힌 상태에서 빗물의 들이침을

(위쪽부터) 로토의 NX 컴포트 창과 틸트 퍼스트, 문지방의 높이를 낮춰 편안한 통행을 돕는 제로 배리어 솔루션을 적용한 창호.

막으면서 미세한 틈으로 공기만 순환시킨다. 밖에서 볼 때는 닫힌 모습이기 때문에 방범 효과도 있다. 유럽의 창호에는 이 모드가 필수로 적용되는데, NX 제품은 손잡이를 135°로 돌리는 간단한 동작만으로 야간 환기 모드로 빠르게 전환된다. 로토 E-테크 드라이브Roto E-Tec Drive와 결합해 전자식으로 작동하거나 홈 오토메이션에 통합해 제어할 수도 있다.

감: 최근 창을 사용하는 트렌드에 맞춰 새롭게 선보인 제품은 어떤 것이 있나?
메르텐스: 창이 커지고 무거워질수록 작동성과 기밀성이 중요해진다. 이에 대응해 자사에서는 파티오 이노바를 선보였다. 제품명은 Innovation / no water / no air에서 따온 것으로, 이름처럼 기밀성이 높고 작은 힘으로도 쉽게 움직인다. 이 같은 밀실함은 하드웨어와 프레임이 정확하게 맞물리며 개스킷을 압축함으로써 구현되는데, 이는 롤러와 레일의 정교한 조합을 통해 만들어진다. 또 잠금장치가 4면 전체에 걸쳐 작동하면서 개스킷의 압축률을 더욱 높인다. 그 결과 태풍, 폭우와 같은 극심한 기상 상황에서도 4등급의 기밀성(DIN EN 1026/12207), 9A 등급의 수밀성(DIN EN 1027/12208)을 발휘한다.

감: 그동안 미니멀한 디자인이 트렌드였다면 이제는 소프트클로징 같은 부드러운 작동이 대세다.
메르텐스: 소프트오픈과 소프트클로징은 적은 힘으로도 창이 부드럽게 이동하고 마지막에는 자동으로 움직이며 작동을 마무리하는 기술이다. 이를 수행하는 핵심 부품은 철재로 만든 가스 스프링이다. 이 장치는 새시가 열릴 때 생기는 장력을 축적했다가 닫힐 때 동력으로 전환해 자동으로 움직이게 한다. 반대로 새시가 닫힐 때는 스프링을 이용해 장력을 저장해두었다가 창을 열었을 때 다시 방출시켜 자동으로 끝까지 열리도록 한다.

　이 기능은 슬라이딩 창호에서 최대 200kg의 하중까지 작동한다. 이밖에 창짝의 하중이 200kg 이상일 때 적용하는 소프트스톱

로토의 고기밀 슬라이딩 하드웨어 시스템인 파티오 이노바를 적용한 모습.

기능도 있다. 앞서 소개한 것과 같은 방식으로 작동하지만, 충격을 완화하는 닫힘 동작을 더해 적은 힘으로도 새시가 부드럽게 닫힌다.

갑: 이외에 로토에서 사용자의 편의를 높이기 위해 적용하는 또 다른 기술이 있다면?
메르텐스: NX 컴포트 창은 강제 제어 장치와 특수 손잡이를 설치해 주방 카운터 뒤쪽이나 계단 위처럼 손이 닿기 어려운 경우에도 창을 쉽게 여닫을 수 있다. 또 손잡이를 새시 프레임의 아래에 수평으로 배치해 앉아서도 쉽게 작동시킬 수 있다.

틸트 퍼스트Tilt First는 손잡이가 수평 위치에 있는 상태에서는 창을 틸트 방식으로만 열 수 있고 손잡이의 잠금장치를 열쇠로 풀어야 옆으로 여닫는 작동이 가능하다. 아이들의 방이나 학교는 물론 병원, 호텔과 같은 공공건물에 적용해 환기 성능은 유지하면서 사람들을 보호할 수 있다.

로토Roto
로토 프랭크(Roto-Frank)는 독일 발명가이자 사업가인 빌헬름 프랭크(Wilhelm Frank)가 1935년에 세운 회사이다. 끊임없이 디자인과 기술, 성능을 개발하고 혁신을 추구하며 전 세계 하드웨어 시장을 선도하고 있다. 현재 유럽과 미국에 열두 곳의 생산공장을 두고 있고, 30개가 넘는 국가에 지사를 운영 중이다.
ftt.roto-frank.com/int-en

창호 제조사에서는 어떤 하드웨어를 사용할까?

창호를 구매할 때에는 각각의 하드웨어를 따로 선택하지 않고 하나로 통합된 완제품을 고른다. 그렇다면 국내의 창호 제조사에서는 어떤 하드웨어를 사용할까? 대표 건자재 기업인 LG하우시스와 KCC, 그리고 시스템 창호 분야의 선두 업체인 이건창호에게 추천 제품과 하드웨어를 물었다. 글 정경화

미세기창

LG하우시스의 PVC 미세기창
수퍼세이브

규격: 최소 300×300mm, 최대 1400×2600mm

수퍼세이브는 편리한 사용감이 강점인 LG하우시스의 대표
PVC 창호 제품으로, 소재와 손잡이[Ha02]의 옵션에 따라
3, 5, 7 시리즈로 나뉜다. 적은 힘으로도 쉽게 개폐하는
이지오픈 기능을 갖췄고 방충망 이탈방지 부자재를 설치해
강한 바람에도 안전하다. 이지오픈 기능은 손잡이의 보조
하드웨어에 지렛대의 원리를 접목한 것으로 창을 처음 열 때
발생하는 부하를 줄여준다. 단창과 이중창의 두 가지 종류가
있으며 마감은 12가지 시트 중에서 선택한다.

사용한 하드웨어

1 롤러[Hd01] 5, 7 시리즈에는 중심에 구멍을 뚫지 않은 무개공 롤러를 적용했다.
펀칭을 하지 않은 제품으로 가공 공정이 적은 만큼 생산성이 뛰어나다.

2 잠금장치 문이 닫히면 자동으로 잠기는 오토락 기능을 갖췄고, 창짝이 겹치며
맞물리는 부위를 단단히 여며주는 장치인 윈드클로저를 추가로 설치해 창이
닫혔을 때의 기밀성을 더욱 높였다.

3 손잡이 손잡이의 모양에 따라 물결을 닮은 테티스와 부드러운 유선형의
스쿼마, 아노다이징 세 가지 종류로 나뉜다. 아노다이징은 알루미늄으로
제작하고 아노다이징 방식으로 표면을 마감해 뛰어난 내구성을 발휘한다.

4 핸들 스토퍼 핸들 스토퍼는 손잡이와 창 사이에 손이 끼거나 손잡이가
파손되지 않도록 막아주는 장치다. 창의 아래에만 설치하는 레일 스토퍼 대신
위아래에서 모두 작동하는 핸들 스토퍼를 설치해 안전성을 더욱 높였다.

이건창호의 PVC 미세기창
PSS 252 SD

규격: 최소 500×600mm, 최대 1500×2400mm

단열과 방음 효과가 높은 슬라이딩 이중창으로 주거 공간에
주로 적용한다. 일반적인 PVC 슬라이딩 창임에도 실리콘
대신 개스킷을 사용해 자외선에 의한 변색이나 손상이 적고
마감이 고급스럽다. 교체가 간단한 것도 장점이다. 실외 창으로
쓰는 경우, 건축법에서 정하는 난간대 높이(1200mm)까지는
고정창으로 두고 그 위로는 슬라이딩 창을 설치하는
입면분할창으로 계획이 가능하다. 이러한 입면분할창은
아파트나 주상복합건물에서 철제 난간을 쓰지 않고 창호만으로
깔끔한 외관을 구현하도록 돕는다.

사용한 하드웨어

1 롤러 국내 창 하드웨어 업체인 쓰리지테크놀러지와 세한에서 제조하는 제품을
사용한다. 롤러는 10만 회 개폐를 반복하는 작동 테스트를 통해 높은 내구성을
확보했다.

2 잠금장치 손잡이를 살짝만 움직여도 쉽게 열리는 푸시오픈락 기능과 오토락
기능을 갖춰 편리한 사용을 돕는다.

3 손잡이 알루미늄 시스템 창호에 사용하는 금속 핸들을 적용해 오랫동안
사용해도 변함없는 내구성을 발휘한다.

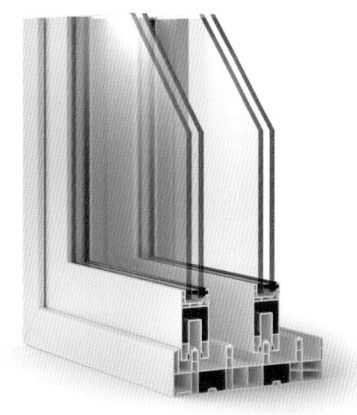

KCC의 PVC 패러럴앤슬라이드 창호

IBF225Z

규격: 최소 630×950mm, 최대 1100×2400mm
열관류율: 0.79W/m²·K

이 창호에는 봉고차의 문을 여는 것과 같은 원리의 수평 밀착형 슬라이딩 방식이 적용되었다. 손잡이를 움직이면 창짝이 앞뒤로 16mm를 이동하고, 닫혀 있는 동안에는 프레임에 완전히 밀착해 틈을 최소화한다. 이에 더해 프레임을 15개의 격벽을 두는 다챔버 구조로 설계하고 4면 밀착형 특수 창호 하드웨어를 적용해 여닫이창에 버금가는 기밀도를 구현했다. 덕분에 국내 패러럴앤슬라이드 창호 중에서는 최초로 패시브제로에너지건축연구소의 PH(패시브하우스) Z1 등급을 획득했다.

사용한 하드웨어

4면 밀착형 하드웨어 국내 창호 하드웨어 제조사인 금강시스템하우징, 금양공업의 제품으로 창의 개폐와 닫혔을 때 창짝의 네 면을 창틀에 밀착시키는 역할을 담당한다. 창의 움직임을 제어하는 손잡이와 드라이브 기어, 실제 작동을 담당하는 두 개의 가이드와 롤러, 두 개의 잠금장치, 그리고 이들 하드웨어를 4면에 걸쳐 이어주는 연결재로 이루어진다. 최대 100kg의 하중을 지지한다.

KCC의 PVC 턴앤틸트 창호

MBR88Z

규격: 최대 1600×3000mm | 열관류율: 0.76W/m²·K

턴과 틸트의 두 가지 개폐 방식으로 작동해 환기 조절이 편리하다. 실외 측의 프레임에는 알루미늄 커버를 적용해 건물 외관과 통일감 있는 모습을 구현할 수 있다. 9개의 격벽을 두는 다챔버 구조로 설계하고 창틀과 유리 사이에 설치하는 개스킷을 프로파일과 일체화된 형태로 제작해 기밀성을 높였다. 이 제품 또한 국내 턴앤틸트 창호 중에서는 최초로 패시브제로에너지건축연구소의 Z1 등급을 획득했다.

사용한 하드웨어

TITAN AF 독일의 창호 하드웨어 제조사인 지게니아[Siegenia]의 턴앤틸트 하드웨어로, 매립형 경첩[Hdh]을 사용해 외관이 깔끔하고 방범 기능 또한 뛰어나다. PVC와 목재 창호에 적용하고 추가 부속 없이도 최대 130kg의 하중을 지지한다. 창의 개폐를 담당하는 경첩과 고정대[Hd03], 잠금장치인 회전 캠과 스트라이커로 이루어진다. 캠과 스트라이커가 서로 맞물리며 창을 잠그고 이 잠금 지점이 많을수록 방범 효과가 높아지는데, TITAN AF는 7개부터 최대 15개까지 설치가 가능하다.

LG하우시스의 PVC 턴앤틸트 창호

유로시스템9 턴앤틸트(E9-PTT85)

규격: 최소 391×631mm, 최대 1300×2300mm
열관류율: 0.773W/m²·K
창이 닫힐 때 창문틀과 창짝 사이의 개스킷을 압착해 틈을
최소화하는 CGS Compressed Gasket Sealing 방식과 수퍼
로이 유리, 창의 4면에 걸쳐 작동하는 잠금장치를 적용해
밀실함을 높였다. 시리즈 중 하나인 E9-PTT85PHI는 독일의
친환경 인증기관인 PHI 인증을 받은 고단열 제품으로 고급
단독주택이나 타운하우스에 추천한다.

사용한 하드웨어

1 액티브파일럿activPilot **시리즈** 독일의 창호 하드웨어 제조사인
빙크하우스Winkhaus에서 제조하는 PVC 창호용 하드웨어로, 고강도 경첩을
사용해 최대 지지 하중이 150kg으로 높다. 경첩이 노출되는 액티브파일럿
콘셉트activPilot Concept와 비노출형인 액티브파일럿 셀렉트activPilot Select 중에서
선택한다. 턴앤틸트 창호는 열려 있는 동안 손잡이가 잘못 작동해 하자가
발생하는 경우가 많은데, 이 제품은 FSAFail Safe Device를 적용해 오작동을
막아준다.

2 손잡이 독일 호페Hoppe 사의 아노다이징 손잡이를 사용한다. 내구성이 높고
은이온 특수 코팅을 더해 항균 성능까지 함께 갖췄다.

LG하우시스의 PVC 리프트앤슬라이드 창호

유로시스템9 리프트앤슬라이드(E9-PLS250)

규격: 최소 600×900mm, 최대 1200×2300mm
열관류율: 0.83W/m²·K (43mm 단창 기준)
개스킷을 압착해 틈을 줄이는 CGS 방식에 모헤어를 추가로
적용해 단열성을 더욱 향상시켰다. 기밀 성능 1등급, 수밀 성능
50등급의 성능을 낸다. 최대 폭 5.8m, 높이 2.6m의 넓은
크기로 탁 트인 개방감이 장점이다.

사용한 하드웨어

1 WATA L/S 하드웨어 국내 창 하드웨어 제조사인 대현상공의
리프트앤슬라이드 하드웨어를 적용한다. 손잡이를 당기면 그 힘이 커넥팅
로드를 통해 롤러로 전해지고, 롤러는 창호를 2~3mm 정도 들어 올려 쉽게 열
수 있도록 돕는다. 바깥에서 보이지 않는 비노출 스트라이커를 적용해 외관이
깔끔하다.

2 손잡이 대현상공에서 제작한 아노다이징 핸들을 사용한다. 표면에 손가락
모양으로 홈을 내고 끝이 꺾인 형태로 디자인해 움직여도 손이 쉽게 미끄러지지
않는다.

3 세이프 클로저 고급 승용차의 문에 사용하는 댐퍼를 창호용으로 개발한
제품이다. 살짝만 밀어도 창이 부드럽게 닫히고, 개폐 속도를 조정해 손이
끼이거나 창호가 세게 닫혔을 때 튕겨 열리는 현상을 방지한다.

LG하우시스의 알루미늄 패러럴앤슬라이드 창호

유로시스템9 패러럴앤슬라이드 (E9-APS210)

규격: 최소 550×550mm, 최대 1400×2600mm
열관류율: 1.364W/m²·K (43mm 기준)

국내 기술을 접목해 개발한 패러럴앤슬라이드
하드웨어를 적용한 창호다. 대부분의 창은 프레임의 폭이
90~100mm인데 반해 이 제품은 고정창 기준 55mm로
얇아 입면이 고급스럽고 탁 트인 조망을 제공한다. 43mm
두께의 유리를 기준으로, 기밀 성능 1등급(0.48m³/m²h),
에너지소비효율 2등급의 성능을 발휘한다.

사용한 하드웨어

패러럴-슬라이딩 하드웨어 LG하우시스와 윈스터가 공동개발한 제품으로
창짝의 상하좌우 4면에 잠금장치를 설치해 밀폐성과 보안을 함께 만족한다.
창을 열면 창짝이 5mm 정도 돌출되면서 부드럽게 작동하고 반대로 닫을 때는
안쪽으로 들어가 기밀성을 높여준다.

이건창호의 알루미늄 턴앤틸트 창호

EWS 95 TT

규격: 최소 480×518mm, 최대 1400×2400mm
열관류율: 0.86W/m²·K (43mm 삼중유리 기준)

창틀과 새시 모두 폴리아미드 단열바와 아존Azon 단열바를
이중으로 배치하는 하이브리드 설계로 제작해 기존의
알루미늄 창에서는 내지 못했던 단열 성능을 구현했다.
107mm였던 프레임의 폭을 88mm로 줄여 시야를 넓혔고
90°였던 개폐 각도는 180°까지 확대해 공간을 더 효율적으로
활용할 수 있게 했다. 30가지의 색상을 기본으로 갖추고
있고, 페인트 제조사의 컬러칩 내에서는 맞춤 색상도 구현이
가능하다.

사용한 하드웨어

Style 180 E-TURNING 독일의 창 하드웨어 업체 WSSWilh. Schlechtendahl &
Söhn사에서 이건창호의 턴앤틸트 창호를 위해 맞춤 제작한 하드웨어다. 창짝의
무게를 130kg까지 지지하고 옵션에 따라 최대 170kg까지도 가능하다. 탭핑
스크류를 이용해 프레임을 손상시키지 않고 하드웨어를 설치할 수 있어 마감이
깔끔하고 내구성, 기밀성이 높다. 개폐 각도를 조절하는 턴 체크Turn-Check
하드웨어는 압축 공기를 이용하는 공압식 제품을 사용해 기존 제품보다 작동이
부드럽다.

이건창호의 알루미늄 리프트앤슬라이드 창호

ESS 250 LS

규격: 최소 650×700mm, 최대 2200×2700mm(300kg 기준)
열관류율: 0.98W/m²·K (47mm 삼중유리 기준)
외부의 냉기를 차단해주는 단열바를 이중으로 적용하는 더블
브릿지 구조로 창틀 프로파일을 설계하고 새시에는 두께가
50mm인 3중 챔버 단열바를 적용해 단창이지만 PVC 이중창에
가까운 단열 성능을 발휘한다. 알루미늄보다 강도가 높은
스테인리스 스틸 레일을 사용해 내구성이 뛰어나고 작동이 더
부드럽다. 또한 모헤어 대신 마모에 강한 고기밀 펠트 부자재를
설치해 내구성과 기밀성을 높이고 오염물질의 유입을 크게
줄였다. 30가지의 색상을 기본으로 갖추고 있어 디자인 선택의
폭이 넓은 것도 장점이다.

사용한 하드웨어

GU 934 독일의 창 하드웨어 제조사 G-U의 리프트앤슬라이드 하드웨어다.
손잡이를 움직이면 댐퍼와 텐션 스프링이 함께 작동하며 무거운 창을 쉽고
안정적으로 개폐한다. 댐퍼는 무거운 새시가 열고 닫힐 때의 충격을 줄여주고,
텐션 스프링은 창을 닫을 때 창짝의 무게로 인해 새시가 내려가면서 손잡이가
급격히 돌아가지 않도록 막아주어 창의 안전한 사용을 돕는다.

이건창호의 알루미늄 리프트앤슬라이드 창호

E-VIEW(CSS 225 LS)

규격: 최소 900×900mm, 최대 1200×2700mm
열관류율: 0.91W/m²·K (43mm 삼중유리 기준)
창틀의 소재와 색상을 변경해 그때그때 원하는 디자인으로
바꿔가며 사용할 수 있는 비스포크 제품이다. 실외에는
알루미늄 소재를 적용해 금속의 세련미를 더했고 실내에는
복합소재결합기술MET, Multi Element Technology을 접목해
목재나 다채로운 색상의 플레이트로 마감이 가능하다. 실외는
10가지의 알루미늄 색상 중에서, 실내는 9가지의 목재와
3가지의 디자인 패턴, 12가지 색상 중에서 선택한다. ESS 250
LS와 마찬가지로 GU 934 하드웨어를 사용한다.

취재를 도와준 브랜드

이건창호 www.eagonstore.com, 1522-1271
LG하우시스 www.lghausys.co.kr, 1544-1893
KCC www.kccworld.co.kr, 02-3480-5000

Furniture
Hardware

가구의 하드웨어

가구에서 하드웨어는 부재를 계획된 형태로
조립하여 물건을 수납하도록 돕는다. 다양한
모습으로 가구의 기능을 완벽하게 구현하는
하드웨어를 소개한다.

FURNITURE

Types of
Cabinet Hardware

수납장의 유형으로 알아보는 가구 하드웨어

가구는 담는 물건이나 설치 위치에 따라 개폐 방식이 달라진다. 이번 장에서는 여닫는 방식에 따라 가구를 세 가지 유형으로 구분하고, 각각에 쓰이는 하드웨어를 소개한다.

글 정신오

서랍장

서랍장은 수납성을 높이기 위해 속서랍을 만들거나 완전히 인출되도록 제작한다. 이때 하드웨어는 내부 공간이 가득 찬 상태에서도 수납칸을 넣고 꺼내는 동작이 부드럽게 구현되도록 한다.

캐스터

러너

러너

서랍을 인출하는 동작의 핵심 부재로, 롤러IHd01와 레일IHd02을 결합한 하드웨어다. 서랍 측판에 고정하는 것이 일반적이지만 최근에는 서랍을 열었을 때 러너가 보이지 않도록 설치 부위를 케이스로 덮거나 하부판에 설치하기도 한다.

러너를 선택할 때는 수납하는 물건의 무게를 확인하자. 조미료통을 담는 서랍은 일반적으로 지지 하중이 20kg인 러너를 쓴다. 칼이나 가위 같은 주방 도구를 보관하는 서랍이라면 35~40kg을, 냄비나 밥솥처럼 무거운 물건을 수납하는 곳에는 60kg 이상인 제품을 적용한다.

캐스터 Caster IHa04

캐스터는 무게가 무겁거나 자주 움직이는 가구를 쉽게 옮기도록 돕는 하드웨어다. 본체와 연결하는 취부판과 이동을 돕는 바퀴로 이루어진다. 취부판은 볼트형과 평판형이 있다. 전자는 볼트처럼 본체와 암수를 이루어 고정 하드웨어IHf 없이도 설치가 가능하다. 후자는 설치면이 평평하고 스크류IHf01로 고정한다.

바퀴는 나일론이나 우레탄, 합성고무, PVC처럼 탄성이 강한 플라스틱 소재를 많이 쓴다. 크기는 25mm부터 200mm까지 다양하고, 지름이 클수록 지지할 수 있는 하중이 커진다. 가령 30mm의 캐스터는 최대 15kg, 50mm는 50kg, 75mm는 80kg까지 버틸 수 있다. 서랍이나 의자는 40~100mm의 제품을 적용한다.

여닫이장

문을 여닫는 수납장으로, 캐비닛Cabinet이라고도 부른다. 여닫는 방향에 따라 좌우로 여닫는 측면 여닫이장과 위아래로 여닫는 상하부 여닫이장으로 나뉜다.

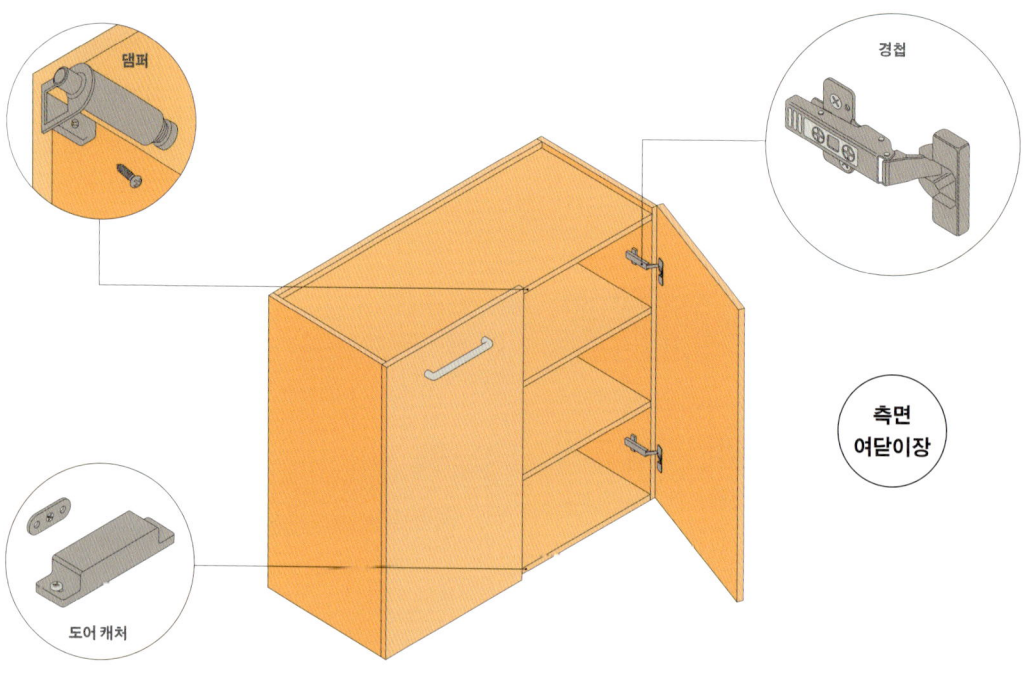

경첩 IHdh

수납장의 개폐를 돕는 하드웨어로, 국내에서는 보링 경첩IHdh01을 많이 쓴다 (p.112 참고).

경첩은 문이 열리고 닫히는 모양에 따라 풀오버레이와 인세트, 하프 오버레이로 구분한다. 풀오버레이Full Overlay는 문짝이 본체의 측판을 완전히 덮는 것으로, 경첩의 축이 꺾이지 않고 일자로 곧게 뻗어 있다. 아웃도어 경첩이라고도 한다. 인세트In-set경첩은 문짝이 가구 프레임에 꼭 맞게 들어가는 것이다. 인도어라고도 부르며, 축이 꺾이는 것이 특징이다. 하프 오버레이Half Overlay는 경첩의 축이 인세트형보다 덜

꺾인 것으로, 측판 양쪽에 문을 달 때 적용한다.

경첩은 주방에 자주 쓰이는 110°를 비롯해 90°, 135°, 165°, 180°로 개폐 각도가 다양하다.

댐퍼 IHa01

문이 닫힐 때 발생하는 충격과 소음을 완화하는 하드웨어를 지칭한다. 경첩에 일체화되어 나오거나 측판 또는 기존의 하드웨어에 부착하여 사용한다. 전자가 유압 기능을 이용해 문이 닫히는 속도를 늦춘다면 후자는 스프링의 탄성에 의해 튀어나온 바가 문이 닫힐 때의 충격을 흡수한다. 단, 부착해서 설치하는 경우

댐퍼는 T형과 ㅁ형 중 경첩의 구멍에 맞는 제품을 선택해야 한다.

도어캐처

자석이나 걸림쇠를 이용하여 문이 완전히 닫히도록 도와주는 하드웨어다. 흔히 빠찌링이라고 부른다. 도어캐처는 본체인 캐처와 아대로 이루어지고, 본체가 아대에 맞물리면서 문이 벌어지지 않도록 잡아준다.

크기가 작은 서랍에는 자성을 이용한 자석 캐처를, 문이 큰 벽장에는 롤러가 맞물리는 롤러 캐처나 볼 캐처를 적용한다.

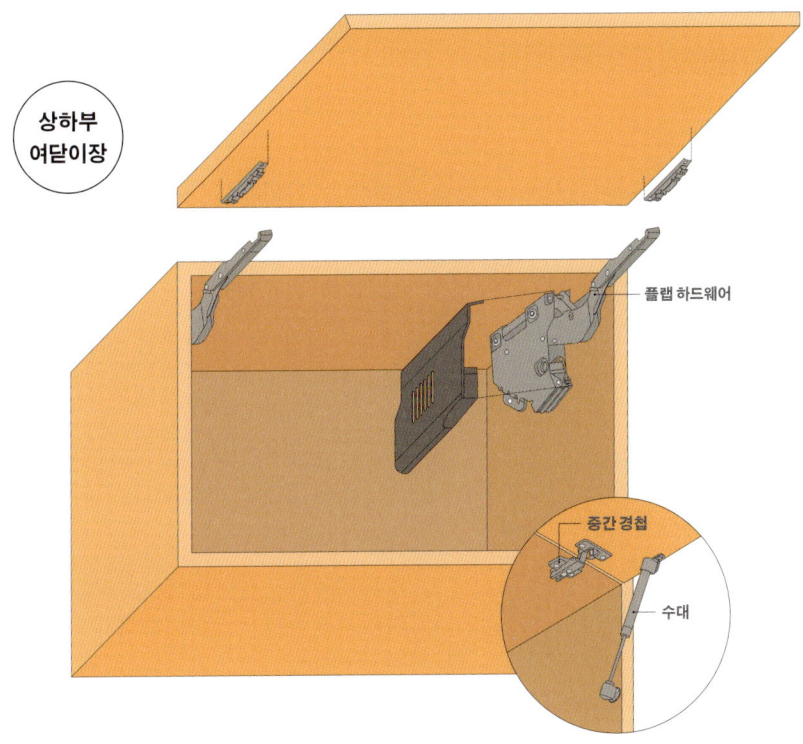

상하부 여닫이장

플랩 하드웨어

중간 경첩

수대

중간 경첩

문을 위아래로 여닫기 위해 사용하는 하드웨어를 지칭한다. 주로 보링 경첩이나 플랩 경첩IHdh06을 적용하고, 상부 또는 하부판에 설치한다. 위로 열리는 상부 여닫이장에는 개폐 각도가 85°~110°인 제품이, 아래로 열리는 하부 여닫이장에는 180°인 제품이 쓰인다.

수대 IHd03

문을 지지하여 갑자기 닫히는 것을 방지하는 하드웨어로, 중력 때문에 경첩만으로는 문을 고정할 수 없는 상부장의 단점을 보완한다. 수대는 문짝의 크기와 무게에 따라

제품을 선택한다. 문의 길이가 200mm 이하로 크기가 작은 장이라면 지지 하중이 2~3kg인 제품으로 충분하지만 그보다 크다면 5~12kg인 제품을 써야 한다. 가정에서는 5kg이나 8kg용 제품을 많이 쓴다.

플랩 하드웨어 IHd04

경첩과 수대의 성능을 모두 갖춘 하드웨어다. 단일 제품만 설치하면 돼 시공이 간편한 것이 특징이다. 플랩 하드웨어는 문짝의 길이를 기준으로 제품을 고르고, 일반적으로는 길이가 600~1200mm인 상부장용 제품을 많이 쓴다. 일부 업체에서는 400mm의

소형장, 1800mm의 대형장용 제품을 선보이기도 한다.

플랩 하드웨어는 상부장의 양끝에 설치하지만 문이 가벼운 경우에는 한 쪽에만 적용하기도 한다.

가구의 관절
경첩

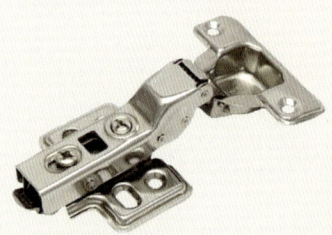

보링 경첩

원형의 돌출부 Boss를 문짝에 끼워서 설치하는 경첩을 지칭한다. 문을 닫으면 보이지 않고, 싱크대 아래의 여닫이장에서 쉽게 찾을 수 있어 '숨은 경첩', '싱크 경첩'이라고도 불린다. 원형 돌출부를 고정하기 위해 문짝에 홈을 파는 보링 작업이 필요하다.

보링 경첩은 돌출부의 직경이 26mm와 35mm 그리고 40mm인 것을 많이 쓰고, 그중에서도 두께가 15~20mm인 문에 적용하는 35mm 경첩이 가장 보편적이다. 26mm는 수건장과 같이 크기가 작은 수납장에, 40mm는 두께가 20~30mm로 크기가 큰 문에 적용한다.

보링 경첩과 생김새가 비슷하지만 원형의 돌기가 없는 것은 무보링 경첩 IHdh02이라 한다. 문짝에 구멍을 내는 보링 공정이 생략되어 전문가의 도움 없이도 누구나 쉽게 설치할 수 있다. 하지만 보링 경첩보다 고정력이 약하다는 단점이 있다. 주로 두께가 15~25mm인 판재를 고정할 때 사용한다.

버트 경첩 IHdh03

축을 중심으로 양 날개가 회전하면서 문을 여닫는 경첩이다. 펼쳤을 때의 모습이 나비의 날개와 닮았다고 하여 버트 경첩이라고 부른다. 날개는 직사각형이 일반적이지만 그 외에 사다리꼴, 반원 등의 형태도 있다. 크기는 폭이 12·40mm, 길이가 25~100mm로 다양하다. 주로 옷장이나 TV장, 방문 등에 적용한다.

피벗 경첩 IHdh04

축과 날개가 90°를 이루는 경첩으로, 수직의 축을 기준으로 수평 날개가 회전하면서 문을 여닫는다. 피벗 경첩은 문짝의 위치에 따라 센터형과 오프셋형으로 구분한다. 센터형은 문짝이 축과 일직선을 이루어 문을 열어도 문짝이 프레임을 벗어나지 않는다. 반면 오프셋형은 날개가 ㄱ자로 꺾여있어 문짝과 축이 일직선을 이루지 않고, 열었을 때 문이 프레임을 벗어난다.

배럴 경첩 IHdh05

문짝을 180°까지 젖힐 수 있는 경첩으로, 문짝과 측판에 매립해서 사용한다고 하여 매립 경첩이라고도 부른다. 배럴 경첩은 고정부가 원기둥 형태인 것과 타원형인 것, 두 가지가 있다. 전자는 고정부의 지름이 최소 10mm, 최대 18mm로 크기가 작아 주로 가구에 적용한다. 타원형은 길이가 40~120mm로 길고, 두께가 35mm를 넘는 여닫이문이나 접이문에 쓰인다.

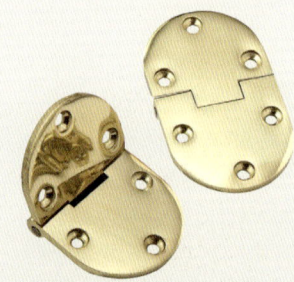

플랩 경첩 IHdh06

축을 중심으로 양 날개가 수직 방향으로 회전하는 경첩을 말한다. 주로 문을 위아래로 여닫는 장에 적용한다.

플랩 경첩은 스크류로 고정하거나 문짝에 홈을 판 뒤 돌출부를 끼워서 설치한다. 전자의 경우 폭이 30mm 정도이고, 보링 작업이 필요한 플랩 경첩은 폭이 35~40mm로 크기가 조금 더 크다.

뼈마디를 움직이기 위해 근육과 관절이 필요하듯 납작한 판재가 수납장처럼 작동하기 위해서는 경첩과 러너가 필요하다.
가구에 쓰이는 경첩과 러너를 알아보고, 이들의 쓰임새를 살펴보자.

서랍의 다리
러너

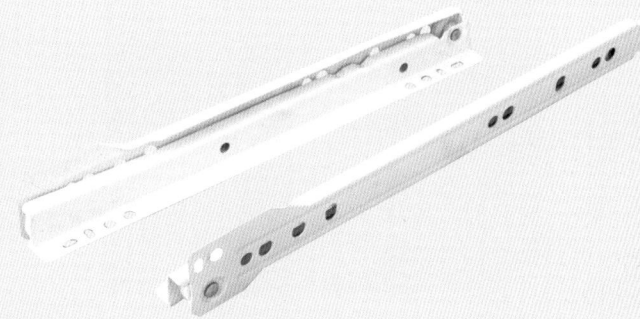

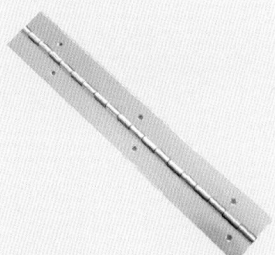

장경첩 IHdh07

키큰장이나 코너장과 같이 문이 한
방향으로 긴 가구에 적용하는 경첩이다.
길이가 길어 문이 처지거나 휘는 것을
막아준다. 주로 피아노의 뚜껑을 연결하기
위해 사용하고, 건반처럼 길이가 길다고
하여 '피아노 경첩'이라고 부르기도 한다.
   두께는 0.6~2mm 정도이고, 길이는
450mm 부터 2400mm까지 다양해
용도에 맞게 재단해서 사용한다.

휠 러너

롤러가 측면의 레일을 따라 움직이는 러너로, 흔히 철레일이라고 부른다. 가격이 저렴해
보편적으로 쓰이지만 바퀴가 레일에서 이탈되기 쉽고, 속서랍이 최대 80%까지만 열려
완전히 꺼내지 못한다는 단점이 있다. 책상이나 키보드 서랍 등에서 쉽게 볼 수 있다.

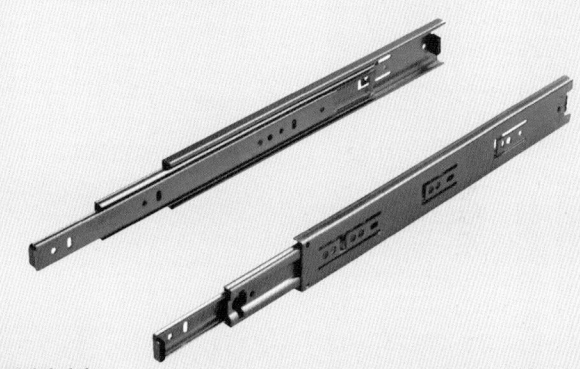

유리 경첩 IHdh08

물건을 전시하는 장식장이나 물을
사용하는 욕실처럼 목재나 철재를 쓰기
어려운 공간에서 유리 문짝을 고정할 때
사용하는 경첩이다. 날개에 고정판 대신
클램프Clamp가 연결되어 있어 벌어진 틈에
유리 패널을 끼우고, 볼트IHf02로 조여
문짝을 고정한다.

볼 베어링 러너

롤러가 움직이면서 서랍을 개폐하는 휠 러너와 달리 볼 베어링 러너는 레일이 움직이면서
서랍을 인출한다. 전자가 바퀴를 움직인다면 후자는 길을 움직이는 셈이다. 레일은
걸레일과 속레일로 이루어진다. 걸레일은 측판에 설치하여 서랍의 하중을 견디는 역할을
담당한다. 끝에 볼 베어링이 고정되어 있어 서랍을 완전히 인출할 수 있다. 속레일은
걸레일에 고정된 롤러를 따라 움직이는 부재로, 서랍 측판에 설치한다. 볼베어링 러너는
폭이 15~55mm로 다양하고 35mm 또는 45mm인 제품을 가장 많이 쓴다.

핸들리스 주방을 실현하는 기술

주방 가구는 점점 양손을 자유로이 사용하는 방향으로 변화하고 있다. 이제 트렌드를 넘어 필수가 된 핸들리스 주방, 이를 실현하는 핵심 기술인 소프트클로징과 푸시투오픈에 대해 알아본다. 글 정신오

고요한 주방을 만들다
소프트클로징 Soft-closing

수납장을 닫는 과정에서 나는 소음은 문틀과 문짝이 부딪히면서 발생한다. 작은 소리라도 반복해서 들으면 피로가 쌓인다. 가구 역시 같은 부위에 지속적으로 충격을 받기 때문에 빠르게 노후화된다. 이에 하드웨어 제조사에서는 문이 부드럽게 닫히는 '소프트클로징'을 개발했다.

소프트클로징은 문이 특정 각도나 위치에 도달하면 댐퍼를 이용해 닫히는 속도를 늦추는 기술이다. 탄성이나 기압 차이를 이용해 문에 가해지는 충격과 진동을 완화하기 때문에 더 오랫동안 사용할 수 있고 소음이 적어 쾌적한 환경을 만든다. 소프트클로징은 주로 경첩IHdh이나 레일IHd02처럼 여닫는 동작을 직접 수행하는 하드웨어에 적용한다. 그중에서도 경첩은 제작 과정에서 댐퍼를 내장하거나 프레임에 매립하여 사용한다. 전자는 자체적으로 충격을 완화하는 기능을 갖추고 있다고 하여 댐핑 경첩이라고도 불린다. 프레임용 댐퍼는 수납장 상부판에 홈을 낸 뒤 댐퍼를 끼우거나 스크류IHf01를 이용해 프레임에 고정한다. 기존에 사용하던 가구에도 쉽게 소프트클로징을 적용할 수 있는 것이 장점이다.

레일에도 자체적으로 충격을 완화하는 댐핑 레일이 있다. 댐핑 레일은 일정 위치가 되면 겉레일 내부에 설치한 댐퍼가 속레일을 당기면서 서랍을 닫는다. 작은 힘으로도 쉽게 작동해 서랍을 자주 여닫는 주방에서 특히 활용도가 높다.

두 손에 자유를 선사하다
푸시투오픈 Push-to-open

요리하는 중에 두 손을 자유자재로 쓰기란 쉽지 않다. '푸시투오픈'은 가구손잡이를 잡는 대신 표면을 누르면 문이 열리는 기술이다. 주로 레일과 롤러IHd01, 플랩 하드웨어IHd06에 적용하고, 작동 원리에 따라 유압식과 탄성식Tip-on 그리고 전기장치를 이용한 방식의 세 가지로 나뉜다.

유압식은 댐퍼에 압력차가 생기면서 문을 밀어낸다. 조절 밸브를 조이고 푸는 방식으로 압력을 바꾸어 개폐 정도를 반만 열리거나Half extension 완전히 열리는Full extension 식으로 조절할 수 있다.

탄성식은 내장된 스프링이 문짝을 튕겨내는 방식이다. 댐퍼처럼 생긴 장치를 프레임에 매립하거나 스크류를 이용해 설치한다. 여닫이장, 서랍 등 문을 여닫는 대부분의 가구에 적용하고, 손잡이를 고정하는 위치에서 가장 원활하게 작동한다. 하지만 개폐 각도가 크지 않고, 문을 닫을 때도 표면을 눌러야 한다는 단점이 있다.

전기장치를 이용한 방식은 유압식이나 탄성식과 달리 인출 면적이 넓고, 열리는 정도를 쉽게 조절할 수 있다. 하지만 전기로 작동하기 때문에 가구 측판이나 후판에 콘센트와 같은 배선 기구를 위한 공간을 마련해야 한다.

가구 하드웨어의 명장을 만나다

가구에서 하드웨어는 물건을 수납하는 동시에 누구나 쉽게 사용할 수 있도록 하는 장치다. 눈에 보이지 않음에도 꼼꼼히 비교하고 선택하는 것은 이러한 이유에서다. 가구의 사용감을 높이기 위해 오랜 시간 하드웨어를 고집스럽게 연구하는 하드웨어 브랜드 세 곳을 소개한다.

하드웨어에 최적화된 환경을 고민하다: 블룸blum

'음식을 만들거나 차리는 방'을 뜻하는 단어인 주방은 대화를 나누는 장소, 업무를 하는 공간으로 그 역할을 확장하고 있다. 일찍이 그 가능성을 알아챈 블룸은 주방이 여러 역할을 수행할 수 있도록 다양한 기능의 경첩IHdh과 러너, 플랩 하드웨어IHd04를 개발했다. 사용자를 생각한 하드웨어로 미래의 주방을 실현하는 블룸의 이야기를 들어보자. 인터뷰 정신오 인터뷰이 ㈜우보인터내셔널 김지훈 대표

감씨(감): 블룸에서는 어떤 종류의 하드웨어를 개발하나?

김지훈(김): 문을 여닫기 위해 쓰는 경첩, 서랍에 적용하는 러너, 문을 지지하면서 상하로 개폐하도록 돕는 플랩 하드웨어 세 가지를 중심으로 개발한다. 다른 브랜드와 비교하면 종류가 적다. 성능과 품질에 집중하기 위해 한정된 종류의 하드웨어만 제작한다.

감: 블룸 하드웨어의 가장 큰 장점은 무엇인가?

김: 블룸의 하드웨어는 다양한 디자인의 가구에 어우러지면서, 누구든 안전하고 편리하게 사용하는데 목적을 두고 있다. 그래서 주방 가구 기술도 천천히 닫히는 소프트클로징부터 가볍게 눌러서 여는 푸시투오픈, 문짝이 처지지 않으면서 부드럽게 구동되거나 위치에 구애받지 않고 터치하면 작동되는 것까지 다양하다. 이러한 성능은 단순히 하드웨어를 생산하는데 목적을 두지 않고 내가 사용한다는 마음으로 사용자의 편의성과 접근성을 함께 고려했기에 만들어진 것이다.

감: 하드웨어의 내구성을 위해서 특별히 진행하는 공정이나 기술이 있나?

김: 외부 공장에 제작을 맡기지 않고 모두 자체 생산한다. 제품의 품질을 균일하게 유지하려면 모든 공정에서 문제가 생기지 않도록 신경 써야 하는데 외부에 맡기면 이를 관리하기 어렵다. 블룸은 기계를 제어하는 프로그램만 스위스 회사의 것을 사용하고, 제품부터 몰드, 생산 기계까지 직접 제작하며 모든 과정에 관여한다.

얇은 전판 고정용 경첩인 익스펜도 티. 나사를 조여서 고정한다.

이를 위해 포어알베르크 공장 단지 내부에 4년제 견습생 학교를 운영하기도 한다. 학생들은 1주일에 한 번 학교에서 수업을 듣고, 나머지 4일 동안은 공장에서 실습한다. 그리고 졸업생의 대부분은 블룸에 취업한다. 블룸 하드웨어에 가장 적합한 기술을 배운 사람들이 제품을 생산하고, 기술을 개발하기 때문에 품질을 철저히 관리할 수 있다.

또 제품을 개발하는 랩키친 담당자가 가정집에 일정 시간 머무르면서 요리하는 모습을 관찰하고, 문을 여닫는 횟수, 동선 등을 파악하는 옵저베이션observation 프로그램을 운영한다. 주방에 필요한 하드웨어와 품질을 알기 위해서는 반드시 이 과정을 거쳐야 한다. 랩키친 담당자는 정확한 정보를 모으기 위해 여러 집을 방문하고, 가구 문짝에 카운팅 기계를 설치해서 6개월 동안 사용 빈도를 확인하기도 한다.

감: 최근 가구의 트렌드는 무엇이며, 그에 따라 하드웨어는 어떻게 변화하고 있나?
김: 주방 상판으로 멸균 효과가 있으면서 흠집이

덜 생기는 세라믹 패널이 주목받고 있다. 특히 패널의 두께가 4cm에서 1cm로 얇아지면서 찾는 이들이 더욱 늘었다. 이 패널을 가구 전판에 적용하면 15~24mm이던 문짝의 두께를 8~12mm까지 줄일 수 있다. 이러한 변화는 가구를 더 다양하게 디자인할 수 있도록 도와주었지만 한편으로는 무게가 무겁고, 두께가 얇아 고정이 어렵다는 문제점이 있었다. 이에 블룸에서는 얇은 전판용 경첩인 익스펜도 티Expando T를 개발했다. 이 제품은 전판에 구멍을 뚫은 뒤 하드웨어에 조립된 나사를 조이는 방식으로 간단하게 설치할 수 있다. 또 여닫이장, 상부장, 서랍 등 가구 종류에 관계없이 어디든 적용이 가능하다.

감: 개발 중이거나 출시 예정인 제품이 있다면?
김: 최근 집안에 미닫이문을 설치하는 경우가 늘고 있다. 이에 맞춰 하드웨어 브랜드에서는 2008년부터 관련 제품을 출시하고 있다. 하지만 지금까지의 슬라이딩 방식은 손잡이로 개폐해야 해 작동이 번거롭고 문을 완전히 숨길 수 없다는 단점이 있다. 블룸은 2017년 슬라이딩을 응용한 '포켓 시스템'을 선보였다. 포켓 시스템은 손잡이 없이 가벼운 터치만으로 문을 여닫는다. 또 문이 ㄱ자로 움직이기 때문에 가구 사이에 문짝을 완전히 집어넣을 수 있어 물건을 꺼낼 때 번거로움이 없다. 기존의 제품군인 경첩이나 레일, 플랩 하드웨어에 속하지 않는 신제품이라 많은 관심을 받고 있다.

감: 그 밖에 서비스 측면에서 준비하고 있는 것이 있나?
김: 이전까지는 주방 가구 제조사를 대상으로 하는 BtoB 시장에 집중했다. 하지만 목수에게 직접 의뢰해서 주방 가구를 만드는 사재 시장의 비율이 점점 커지고 있다. 이러한 수요에 맞춰 BtoC 시장도 준비 중이다. 2021년에는 500m²에 달하는 업무 공간을 전시장과 트레이닝룸, R&D실로 운영할 예정이다.

주방 가구의 일인자: 블룸의 대표 하드웨어

155° 경첩

주방 가구에서 흔히 쓰는 경첩은 문짝과 측판 사이의 간격이 좁아 여닫는 과정에서 부재들이 서로 부딪히는 단점이 있다. 155° 경첩은 두 개의 회전축을 두어 문짝이 앞으로 나온 뒤 회전하면서 열리도록 해 부재 간의 간섭을 최소화한다. 이렇게 축이 두 개 이상인 다중축 제품은 개폐 과정에서 문짝과 측판 사이에 공간이 생기기 때문에 기울어지지 않는 것이 중요한데, 이 경첩은 높은 내구성을 발휘하여 문을 견고하게 잡아준다. 또 목대 없이도 속서랍을 만들 수 있어 쓰지 못하는 공간 없이 수납장 전체를 효율적으로 활용할 수 있다.

HK 시리즈

중간 경첩과 수대IHd02의 기능을 갖춘 플랩 하드웨어로, 가스가 조금씩 새어나와 1~2년이 지나면 교체해야 하는 가스 수대와 달리 스프링을 이용해 오래도록 변함없는 성능을 발휘한다. HK 시리즈는 암수를 맞춰서 끼우는 클립 방식이라 공구를 쓰지 않고도 쉽게 설치가 가능하다. 또 네 가지 규격으로 출시되어 다양한 크기의 수납장에 적용할 수 있다. 가장 작은 HK-XS는 너비가 400mm인 소형장에 맞춰 제작된 제품으로, 좁은 주방에 적합하다. 가장 큰 HK는 너비가 1800mm에 달하는 대형장에 적용하는 제품이다. 그 밖에 너비가 600mm 또는 800mm인 수납장에 적용하는 HK-S와 HK, 신제품인 HK TOP이 있다.

모벤토Movento

모벤토는 40~60kg까지 물건을 적재할 수 있는 목재 서랍용 러너로, 자체 제작한 나일론 실린더를 적용해 소음이 적고, 여닫는 동작이 부드럽다. 그 밖에도 눌러서 여는 팁온이나 팁온블루모션, 전기장치로 여닫는 서보드라이브 등의 기능을 추가할 수 있어 핸들리스 주방에 안성맞춤이다. 또 락킹 디바이스를 이용하면 설치 후에도 문짝의 수평도와 높낮이를 조절할 수 있다.

블룸

1952년 오스트리아의 대장장이 율리우스 블룸Julius Blum이 설립한 주방 가구 전문 하드웨어 브랜드로, 오스트리아 포어알베르크Vorarlberg에 본사를 두고 있다. 경첩, 롤러와 레일, 그리고 플랩 하드웨어 세 가지 제품군에 특히 강세를 보인다.

www.blum.com/kr

하드웨어의 스펙트럼을 넓히다: 헤티히Hettich

헤티히코리아의 이준구 대표는 하드웨어의 역할을 "부재가 움직일 수 있도록 숨결을 불어넣는 것"이라고 말한다. 그의 말처럼 헤티히의 하드웨어는 가구와 가전 등에 적용되며 다채로운 동작을 이끌어낸다. 다양한 영역에서 하드웨어의 본분을 실현시키는 헤티히의 숨은 공로를 들여다본다.

인터뷰 **정신오** 인터뷰이 **헤티히코리아 이준구 대표**

감씨(감): 헤티히에서는 어떤 종류의 하드웨어를 개발하나?

이준구(이): 인테리어 하드웨어라고 하면 대부분 주방 가구용 제품을 가장 먼저 떠올린다. 수납할 물건이 많고, 한 공간 안에서 여러 동작이 이루어지기 때문이다. 하지만 침실과 사무 공간, 심지어는 가전에도 하드웨어가 필요하다. 우리는 주방을 비롯해 침실, 드레스룸 등 다양한 공간에 적용하는 하드웨어를 만든다. 냉장고나 오븐, 식기세척기처럼 극한 환경에서 작동하는 가전용 제품도 있다.

감: 하드웨어의 내구성을 높이기 위해 진행하는 테스트가 있다면?

이: 일반적으로 품질을 확인하는 것은 인증을 받을 때 한 번 뿐이다. 그래서 일부 제조사에서는 단가를 낮추기 위해 인증받은 것보다 낮은 품질로 생산하기도 한다. 하지만 우리는 인증받은 품질 그대로 생산한다. 또 비전머신Vision machine을 이용해서 모든 하드웨어를 스캔하고, 불량 제품을 거른다. 이렇게 포장 전에 개별 제품의 품질을 확인하기 때문에 오차율이 0.001~0.003%로 매우 낮다.

감: 사용성을 높이는 기술이 있다면?

이: 최근 10년간 부드럽게 닫히는 '소프트클로징'과 누르면 쉽게 열리는 '푸시투오픈'이 강세였다. 하지만 두 기능을 모두 갖추는 경우는 드물다. 우리는 누르면 열리고 부드럽게 닫히는 기능을 모두 적용한 '푸시투오픈 사일런트Push-to-open silent'를 출시했다. 사용감이 부드러워 전동이라고 생각하지만 모두 기계 장치로 구현했다.

서랍이 포물선을 그리면서 위로 올라오는 '업리프팅Up lifting' 기술도 있다. 일반적으로 식기세척기는 무게가 무거워 서랍장 아래 칸에 설치한다. 그래서 그릇을 넣고 빼려면 몸을 굽히고 펴는 동작을 반복해야 한다. 업리프팅은 식기세척기의 수납칸을 위로 끌어 올려 동선을 단순화한다. 이 기술은 현재 스웨덴의 프리미엄 가전 브랜드 일렉트로룩스Electrolux의 식기세척기에 적용되고 있다.

감: 벽장이나 옷장의 문짝을 위한 제품도 개발한다.

이: 벽장은 대개 여닫이로 만드는데 이 방식은 문을 개폐할 때 공간을 많이 차지하고, 물건을 찾으려면 일일이 열어봐야 하는 단점이 있다. 우리는 슬라이딩과 폴딩용 하드웨어를 이용해 공간을 효율적으로 쓰기를 제안한다. 특히 슬라이딩 장용 하드웨어는 국내 환경에 맞춰 변형하기도 했다. 주거 공간의 층고가 높은 서양과 달리 우리나라는 층고가 낮아 가구 윗면에 레일을 설치하기가 어렵다. 어쩔 수 없이 앞에 설치하는데 이 경우 문을 열 때 레일의 외관이 투박해진다. 그래서 레일에 맞게 덮개를 제작해 하드웨어를 숨겼다. 문이 양쪽으로 접히는 '윙-라인Wing-line'은 폴딩 기능을 담당하는 하드웨어다. 문을 열었을 때 공간을 많이 차지하지 않고, 내부를 한 눈에 볼 수 있어 수납할 물건이 많은 드레스룸에 주로 쓰인다.

©Hettich

오븐이나 식기세척기, 냉장고 등에 적용하는 가전용 하드웨어.
사용 환경과 동일한 조건에서 내구성을 시험한다.

감: 가전용 하드웨어를 생산하는 것이 인상적이다. 가전용 제품을 개발할 때 중요하게 고려하는 것이 있다면?

이: 가구와 달리 가전용 제품은 극한의 환경을 견뎌야 한다. 그래서 실제와 동일한 조건에서 내구성을 확인하는 것이 중요하다. 일례로 냉장고 서랍에 적용하는 언더레일은 −20℃에서 부드럽게 열리고 닫히는지를 테스트하고, 오븐에 쓰이는 것은 200℃ 이상의 고온에서 내열성을 확인한다. 그다음에는 사용감을 고려한다. 가전은 대부분 빌트인이기 때문에 옆 칸의 수납장과 부딪히기 쉽다. 그래서 개폐 각도가 90° 보다 작은 경첩을 쓴다. 하지만 우리는 회전축을 일곱 곳에 두어 문이 앞으로 나온 뒤 회전하면서 열리도록 했다. 이렇게하면 최대 115°까지 개폐가 가능하다. 또 지지 하중이 40kg, 60~80kg, 110kg 등으로 다양해 여러 가전과 호환할 수 있다. 현재 가전용 경첩은 빌트인 냉장고와 삼성 에어드레서, LG 스타일러에 적용되고 있다.

감: 가구 브랜드와 협업하여 하드웨어를 맞춤 제작하기도 하나?

이: 국내에서는 제작하는 경우가 드물다. 대부분 규격이 정해진 제품 중에서 골라 사용한다. 하지만 독일 본사에서는 가구 브랜드와 협업해 개발하기도 한다. 실제로 독일 주방 가구 브랜드 놀테Nolte는 기획 단계부터 브랜드를 상징할 수 있는 시그니처 제품을 의뢰한다. 그래서 2018년에는 문짝의 두께가 15mm로 얇은 서랍용 레일을 개발하기도 했다.

감: 가구 트렌드에 맞춰 개발하는 제품이 있다면?

이: 요즘에는 공간의 분위기에 맞춰 가구의 색상을 정한다. 우리는 겉으로 드러나는 면뿐 아니라 서랍을 열었을 때 노출되는 부위도 색을 선택할 수 있도록 측판 액세서리를 만들었다. 액세서리는 뒷면에 끝을 맞춘 뒤 눌러서 끼우는 방식으로 쉽게 설치할 수 있다. 색상은 광택을 띤 회색부터 매트한 질감의 먹색 앤트러사이트, 나뭇결 패턴이 있는 것까지 다양하다.

가구부터 문, 가전까지 약방의 감초 같은: 헤티히의 대표 하드웨어

센시스Sensys **110**

문짝의 두께가 15~24mm인 수납장에 적용하는 110°
경첩이다. 유압식 댐퍼가 내장되어 있어 문을 부드럽게 여닫을
수 있고 경첩하면 흔히 떠오르는 은색의 광택 대신 고동색으로
마감한 것이 특징이다. 이 '옵시디언 블랙' 색상은 동물의
보호색처럼 본체에 자연스럽게 어우러지도록 만든 것으로,
어두운 색상을 선호하는 최근의 가구 트렌드를 반영했다.

아반테 유 AvanTech YOU

아반테 유는 측판의 두께가 13mm인 얇은 서랍에 적용하는
러너 시스템이다. 40~70kg까지 물건을 수납할 수 있어 폭이
275mm인 작은 서랍부터 1200mm인 대형 가구까지 적용
범위가 넓다.

　아반테 유는 표면을 누르면 부드럽게 열리고 닫히는
'푸시투오픈 사일런트' 시스템을 적용해 간편하고 쾌적하게
작동한다. 또 볼트를 조이는 방식으로 위치를 조절해 높이를
세밀하게 바꿀 수 있다.

　색상은 백색과 은색, 그리고 먹색의 앤트러사이트가 있고,
액세서리를 더해 서랍의 측판 상부색을 변경할 수도 있다.

윙 라인 L Wing Line L

윙 라인 L은 폴딩 동작을 구현하는 하드웨어로, 경첩과 문을
움직이는 롤러, 레일로 이루어진다. 최대 25kg의 문까지 지지가
가능하고, 주로 키큰장이나 높이가 2400mm인 대형문에
적용한다. 윙 라인 L은 손잡이를 살짝 밀거나 당기면 문짝이
자동으로 열리는 푸시투무브Push to Move와 풀투무브Pull to Move
기능을 갖추고 있어 적은 힘으로도 쉽게 열 수 있다.

　전기장치로 구동한다는 착각이 들 정도로 동작이 부드럽고
매끈하게 이어지지만 100% 기계 장치로 작동한다.

헤티히

헤티히는 '가구를 위한 기술Technik fur möbel'을 신조로 하여 가구와 가전 등 다양한 용도의
하드웨어를 생산한다. 현재 30여 개 국가에 지사를 두고 있다. 한국 지사인 헤티히코리아는
2003년 설립되어 가구 브랜드와 건설사를 대상으로 하는 BtoB 시장에 집중한다.
www.hettich.com/kr_KO

©Hafele

©Hafele

차별화된 서비스로 편리함을 더하다: 헤펠레Hafele

헤펠레는 디자이너와 가장 가까운 위치에서 하드웨어의 역할과 사용법을 안내한다. 쇼룸과 동영상 가이드, 큐레이션 카탈로그까지. 간단한 설치법과 이해하기 쉬운 안내는 전문가의 영역으로만 느껴졌던 하드웨어의 장벽을 낮춰 준다. 누구나 쉽게 하드웨어를 사용할 수 있도록 돕는 가이드, 헤펠레를 만나보는 시간.

인터뷰 정신오 인터뷰이 헤펠레코리아 롭 그리브Rob Grieve 상무이사

감씨(감): 헤펠레에 대해 소개해 달라.

롭 그리브(그리브): 헤펠레는 유럽의 6개 지역 공장에서 건축과 가구용 하드웨어를 생산하고 엄선된 해외 브랜드의 제품을 유통한다. 제품군은 부재를 고정하는 작은 커넥터부터 문을 부드럽게 닫아주는 도어클로저, 컨벤션 센터에서 거대한 파티션을 움직이기 위해 사용하는 레일까지 다양하며 조명 시스템도 선보인다. 최근 수요가 높은 룩스5 LOOX5는 가구용 조명 시스템으로, 블루투스 기능을 갖추고 있어 '헤펠레 커넥션'이라는 애플리케이션을 이용해 제어가 가능하다.

감: 하드웨어 중에서도 재료를 연결하는 '커넥터'를 개발한 것이 인상적이다.

그리브: 커넥터는 가구에 쓰이는 고정 하드웨어IHf다. 대표적으로 1983년 특허를 받은 미니픽스가 있다. 미니픽스는 캠IHf04과 다월IHf05로 이루어져 있는 하드웨어로, 캠에 다월을 꽂는 방식으로 체결한다. 지금은 특허 기간이 끝나 다른 하드웨어 제조사에서도 유사한 형태의 제품을 생산하지만 여전히 베를린 공장에서 연간 35억 개 이상의 미니픽스를 생산할 정도로 인기가 좋다.

　그 밖에도 머리를 타격하면 하부가 벌어지면서 부재를 고정하는 라픽스, 캐비닛용으로 제작된 익스커넥트가 있다.

감: 미니픽스는 총 몇 종류가 있나?

그리브: 30가지 정도 있다. 미니픽스는 가구의 소재와 두께, 구동 방식에 따라 적용하는 제품이 달라진다. 심지어 함께 사용하는 공구에 따라 제품의 디테일이 바뀌기도 한다. 국내의 경우 산이 완만한 필립스 스크류 드라이버를 주로 사용하기 때문에 이와 홈 모양이 일치하는 미니픽스를 쓴다.

감: 헤펠레의 차별화된 서비스로 '프리미엄 물류 서비스'를 꼽았다.

그리브: 아무리 좋은 제품도 제때 받지 못하면 쓸모가 없다. 프리미엄 물류 서비스는 제품을 적재적시에 공급하기 위해 마련된 시스템이다. 현재 곤지암 물류센터에서는 국내에서 가장 많이 판매되는 것과 새로 출시된 제품을 중심으로 보관하고, 그 종류만 2000여 가지가 넘는다. 재고가 있는 제품은 오후 4시 전에 주문하면 다음 날 받을 수 있다. 자체적으로 배송 기사를 두고 있어 다른 업체보다 수령기간이 짧다. 물류센터를 방문해 직접 가져가는 것도 가능하다.

　국내에 제품이 없거나 구매 수량이 많아 재고가 부족한 경우에는 독일 나골드Nagold 유통센터에서 항공편으로 받아야 하는데 이 또한 배송 기간이 다른 브랜드보다 짧다. 일반적으로 해외에서 제품을 받으려면 짧게는 3주, 길게는 한 달 이상 기다려야 한다. 반면 우리는 물류용 항공편을 정기적으로 운영해 2주 안에 제품을 수령할 수 있도록 했다. 실제로 화요일에 주문하면 그다음 주 금요일이 되기 전에 물건을 받을 수 있다. 이 서비스는 한국을 포함해 전 세계 38개국의 지사 어디에서나 이용이 가능하다.

감: 그 밖에 고객의 편의를 위해 제공하는 서비스는 어떤 것이 있나?

그리브: 첫 번째로 쇼룸을 운영한다. 한국에서는 가구 하드웨어 브랜드의 전시장을 찾기 어렵다. 그래서 원하는 제품이 있으면 철물점을 방문하거나 온라인에서 검색해 구매한다. 우리는 서울 논현동에 전시장을 열어 소비자가 제품과 적용 모습, 작동 방식을 직접 확인할 수 있도록 했다. 　또 2020년 7월에는 한국의 라이프스타일에 최적화된 제품을 선별하여 카탈로그

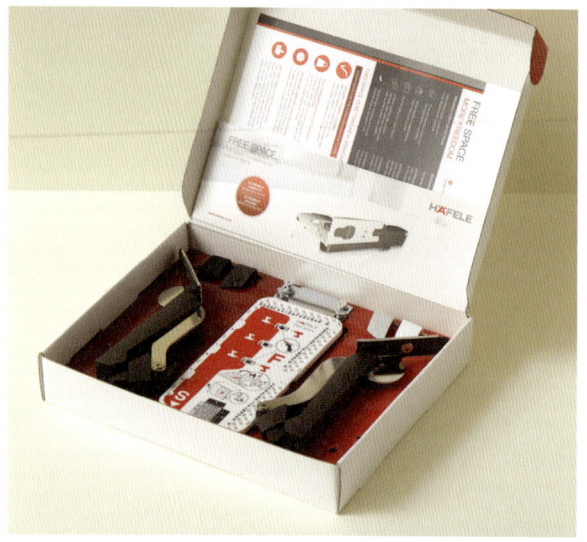

〈디 에이북The A book 가구편〉을 만들었다.
대다수의 하드웨어 회사는 브랜드를 홍보하기
위해 생산하는 모든 제품을 소개하는 종합
카탈로그를 선보인다. 하지만 국가마다 선호하는
하드웨어가 다르기 때문에 모든 제품을 보여주는
것은 큰 도움이 되지 않는다. 예를 들어 독일이나
호주에서는 포물선을 그리면서 문을 여는 프리
스윙 플랩 하드웨어가 인기라면 국내에서는 장이
수직으로 올라가는 프리업 제품이 선호도가
높다. 주방이 좁아 개폐 각도를 최소화해야
하기 때문이다. 우리는 수천 가지의 하드웨어 중
국내 환경에 가장 적합한 제품을 큐레이션하고,
사용법과 평균 재고를 함께 표기해 두었다.

감: 개인이 직접 설치하는 것도 가능한가?
그리브: 지사마다 트레이너가 있어 전시장을
방문하면 제품 사용법을 안내받을 수 있다. 또
트레이너가 하드웨어를 설치하고 사용하는
모습을 동영상으로 기록해 유튜브 채널에
공유하고 있다. 작업이 간편해 비전문가도 쉽게
따라 할 수 있다.
　　지그도 구매가 가능하다. 지그는 설치 위치를
정확하고 쉽게 잡을 수 있도록 하는 보조기구로,
설치 부위에 댄 뒤 정해진 공식에 맞춰 문짝의
두께, 장의 높이 등의 치수를 대입하면 타공
위치를 찾을 수 있다. 그곳에 구멍을 뚫고
스크류를 고정하면 된다.

△△ 플랩 하드웨어인 프리 스페이스. 지그를 이용하면 타공 위치를 쉽게 찾을 수 있다.
△ 헤펠레는 가구와 함께 사용하면 좋을 전자 제어 시스템이나 간접 조명 등을 함께 제안한다.

전문가부터 DIY 초심자까지 누구나 쉽게 사용하는: 헤펠레의 대표 하드웨어

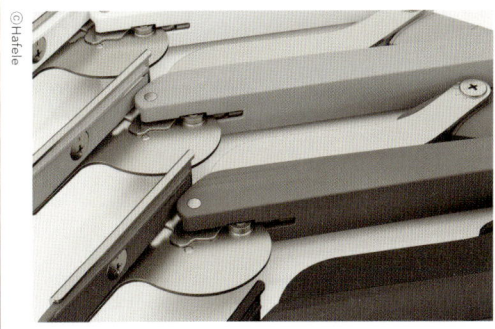

프리 스페이스 Free Space

가로 63mm, 높이 173mm로 아담한 크기의 이 플랩 하드웨어는 하드웨어답지 않은 세련된 디자인으로 시선을 사로잡는다. 크기가 작아 공간을 적게 차지하면서 최대 11kg까지 지지할 수 있어 높이가 225mm인 소형장부터 650mm의 긴 장까지 다양한 크기의 상부장에 적용이 가능하다. 또 유압 장치로 구동하기 때문에 작동이 부드럽고, 조절 나사를 조이는 방식으로 문이 원하는 위치에 멈추도록 설정할 수 있다. 프리 스페이스는 화이트와 그레이, 먹색의 앤트러사이트, 검정색 네 가지가 있다.

매트릭스 박스 스탠더드 Matrix box standard

주방과 서재, 사무실 등 다양한 공간의 서랍에 적용하는 러너 시스템으로, 최대 25kg까지 물건을 수납한다. 매트릭스 박스 스탠더드는 소재가 다른 두 종류의 롤러를 사용하여 여닫음이 부드럽다. 또 커버 캡이 함께 제공되어 측판에 설치된 레일을 숨길 수 있다. 커버 캡은 깊이가 얕은 서랍에 적용하는 높이 84mm 제품과 깊은 서랍에 쓰이는 120mm 두 가지가 있다. 수납할 물건이 많거나 속서랍을 추가하고 싶다면 매트릭스 박스 프리미엄을 참고하자.

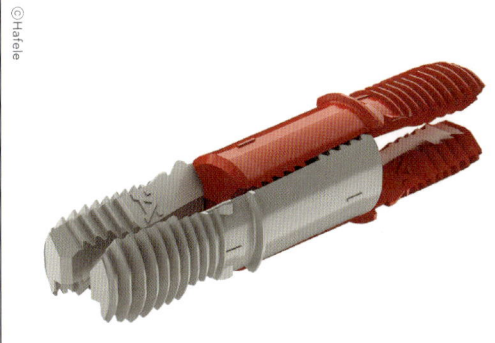

익스커넥트 Ixconnect

두께가 15mm 이상인 MDF나 합판 소재의 패널을 조립할 때 사용하는 플라스틱 소재의 고정 하드웨어다. 구멍에 끼우고 힘을 가하면 끝이 집게처럼 벌어지면서 부재를 잡아준다.

제품은 고정 방식에 따라 SC 8/25와 SC 8/60 두 가지가 있다. 전자는 서랍이나 캐비닛 같은 소형 가구에 사용하고, 구멍에 꽂고 가볍게 두드려 고정한다. 후자는 책상이나 테이블처럼 수납하는 무게가 무거운 대형 가구에 쓰이고, 익스커넥트 측면의 육각 소켓 조임 스크류를 렌치로 돌려서 고정한다. 두 방식 모두 특별한 공구가 필요하지 않아 빠르게 설치할 수 있고, 부재 사이에 매립되어 겉으로 드러나지 않는 것이 장점이다.

HÄFELE

헤펠레

헤펠레는 1926년 목수를 위한 공구 전문점으로 시작하여 현재는 건축, 가구 등 여러 분야의 하드웨어를 생산·유통한다. 한국지사인 헤펠레코리아는 1987년 영업 사무소로 시작하여 1995년에 법인을 설립, 디자이너와 소비자에게 영감을 주는 하드웨어 브랜드로 자리매김하고 있다.

www.hafele.co.kr

모듈 시스템에서
발견하는 하드웨어의
가능성
–

빌드웰러
김유석, 정우열 공동대표

–
빌드웰러는 아크릴과 전산볼트를 모듈 방식으로 조합해 가구와 공간의 요소를 만든다. 부재를 아름답고 견고하게
연결하는 방법으로 활용한 것은 바로 하드웨어. 그들은 어떤 계기로 하드웨어를 쓰게 되었고, 또 어떻게 시스템에
활용했을까? 빌드웰러의 김유석과 정우열 공동대표를 만나 하드웨어의 새로운 가능성을 살펴본다.

인터뷰 **정경화** 사진 제공 **빌드웰러**(별도 표기 외)

감씨(감): 레고처럼 바꿔 쓸 수 있는 유연한 가구 시스템을 제작한다. 어떤 계기로 이런 작업을 하게 되었나?

김유석(김): 건축을 전공하고 설계사무소에서 일하면서 공간의 소비에 관해 자주 고민했다. 지금 우리가 공간을 소비하는 방식은 지속성이 없다. 상업 공간은 짧은 주기로 계속 모습이 바뀌고, 주거 공간은 본인 소유가 아닌 집에서 사는 비율이 60%에 달한다. 이렇게 공간을 옮겨 다니며 한시적으로 이용하는 것에 비해 인테리어, 건축 공사는 너무 많은 자재와 노동을 필요로 한다. 또 한번 만들어지고 나면 다른 용도로 바꾸기가 어렵다. 이러한 비효율을 해결하기 위해서는 공간을 유연하게 활용하는 방식과 도구가 필요하다고 생각했고, 그 방법으로 떠올린 것이 조립해서 설치하고 변형이 가능한 모듈 방식이었다.

감: 모듈 시스템, 그리고 볼트[IHf02]**와 너트**[IHf03]**를 이용한 체결 방식이 주요한 특징이다. 이러한 정체성은 어떤 과정을 거쳐 만들어졌나?**

정우열(정): 누구나 쉽게 사용하는 것이 중요했기에 기성 자재를 활용한 대량생산에 초점을 맞췄다. 볼트와 너트로 조립하는 방식은 규격화된 제품을 사용하기에 호환 범위가 매우 넓고 모듈을 연결하는 여러 방법 중에서도 가장 확장성이 뛰어나다.

가구는 전산볼트로 프레임을 짜고 아크릴로 외피를 입혀 만든다. 전산볼트는 천장에 구조물을 설치할 때 사용하는 자재로 기성 제품이라 규격이 정해져 있고 재단이 쉽다.

감: 프레임과 외피 외에 가구를 이루는 요소는 또 어떤 것이 있나?

정: 전산볼트로 만든 프레임과 외피인 플레이트 외에 조인트[Joint]와 브레이싱 엔드[Bracing end], 볼트, 그리고 풋[Foot]까지 여섯 가지 요소를 조합해 만든다. 조인트와 브레이싱 엔드는 뼈대를 연결하는 관절의 역할을, 풋은 이름처럼 각 지점에서 지지하는 역할을 한다. 투명한 형상의 조인트는 프레임을 조립해 형체를 만들고 하중을 지지하는 장치다. 브레이싱 엔드는 구조체가 휘어지는 것을 막기 위해 대각선 방향으로 설치하는 부재로, 가새와 같은 역할을 한다. 마지막으로 볼트는 조인트를 플레이트 또는 브레이싱 엔드와 연결해 준다. 이렇게 여섯 가지 요소를 기본으로 하지만 작업하면서 형태나 크기를 바꾸거나 새로운 부품을 추가하기도 한다.

감: 투명성 또한 콘셉트에서 큰 부분을 차지한다.

감: 투명성은 간결한 디자인을 찾는 과정에서 나왔다. 모듈러 시스템이 굉장히 오래된 방식임에도 크게 상용화되지 못했던 것은 디자인 탓이 크다. 모듈 시스템을 확장하다 보면 조인트가 반복되는데 이때 조인트의 존재감이 크면 전체의 형태가 투박해진다. 우리는 전형적인 모듈처럼 보이지 않기 위해 부재를 최소한의 크기와 구조로 디자인했다. 또 눈에 띄지 않도록 투명한 조인트를 쓰고 판재도 속이 비치는 아크릴을 사용했다.

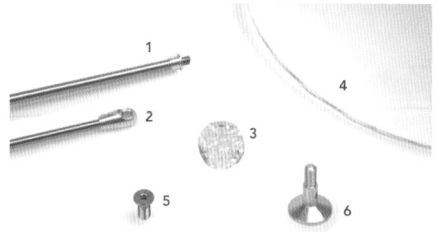

빌드웰러 모듈 시스템의 구성 요소

1 프레임   4 플레이트
2 브레이싱 엔드   5 볼트
3 조인트   6 풋

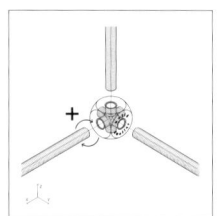
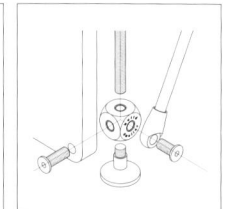

모듈 시스템의 체결 방식

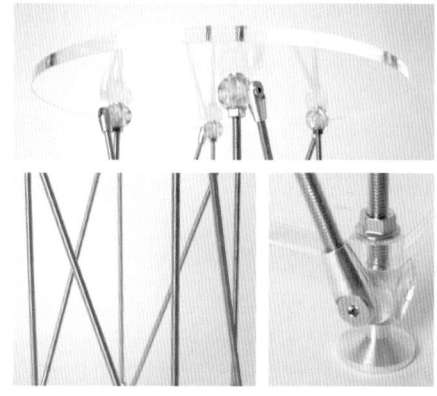

빌드웰러의 사이드 테이블. 모듈 시스템에 볼트와 너트를 이용한 체결 방식을 접목했다.

감: 주재료인 스테인리스 스틸과 아크릴은 어떤 계기로 택하게 됐나?

김: 모든 소재는 비용과 내구성은 물론 가공의 품질과 편의성까지 고려하고 빌드웰러의 이미지에 맞춰 결정한다. 스테인리스 스틸이나 아크릴은 산업 자재이면서 얇고 가벼워 최소한의 구조를 만들기에 유리하다.

철은 저렴한 대신 도금이나 도장 같은 별도의 표면처리가 필요하다. 또 관리가 잘 되지 않으면 표면이 벗겨지고 내구성이 떨어진다. 우리의 제품은 한번 사용하는 것에서 끝나지 않고 계속 부재를 교체하며 다시 쓰기 때문에 내구성이나 관리 면에서 유리한 스테인리스 스틸을 택했다.

아크릴은 투명성과 생산성 때문에 고르게 됐다. 가격은 원목과 비슷한 수준으로 비싸지만, 가공이 쉽고 페인트처럼 자유롭게 조색이 가능해 활용도가 높다.

감: 테이블, 의자 같은 가구 제품 외에 디스플레이 시스템처럼 공간을 다루는 작업도 한다.

김: 일반적인 공간 디자인처럼 기획 단계부터 브랜드의 성격을 어떻게 공간으로 풀어낼지에 대해 의논하며 작업한다. 차이점은 빌드웰러의 디자인과 방식을 이용하는 것이다. 우리의 모듈 시스템을 통해 얻을 수 있는 가변성과 이동성, 유지관리의 편의성, 그리고 지속 가능한 방식을 추구하는 클라이언트와 작업한다.

감: 공간 프로젝트는 가구와 구조물을 사용한 인테리어라고 할 수 있겠다.

김: 모듈 부재를 하드웨어처럼 활용해서 프로젝트마다 각각에 맞는 디자인을 짠다. 기본 모듈 규격이 있지만, 프로젝트에 그대로 적용한 경우는 거의 없다. 모듈을 기반으로 한 맞춤 제작인 셈이다.

정: 일반 가구는 커스터마이징이 어려운 대신 제품으로의 완결성을 갖는다. 반면 인테리어 작업은 커스터마이징이 가능하지만 일회성으로 끝나는 측면이 있다. 우리의 작업은 제품과 커스터마이징의 경계에 있다. 두 방식의 접점에 있기에 각각의 장점을 모두 살릴 수 있다. 기본 모듈에서 형태나 색상

가방과 신발을 만드는 국내 브랜드, 오소이의 제품 전시 공간. 장소에 맞춰 변형이 가능한 오소이 포터블 스토어 키트를 제작했다.

△△ 그라더스의 쇼룸. 전시 선반의 판재를 탈부착이 가능하도록 제작해 공간을 계속 바꿔가며 쓸 수 있다.
△ 빌드웰러의 모듈 시스템으로 제작한 캣타워.

정도만 바꾸는 것부터 아예 새로운 제품을 개발하는 것까지 스펙트럼이 다양하다. 그러다 보니 작업을 할 때 제품을 어떻게 활용할지를 결정하는 것이 매우 중요하다. 쓰지 않을 변형까지 고려하여 디자인하다 보면 부재가 추가되고 비용이 늘어난다. 그래서 처음부터 활용 범위를 세세하게 결정하고 작업한다.

감: 이러한 장점이 가장 잘 구현된 사례를 소개해달라.
김: 전시나 팝업 행사에 필요한 구조물과 집기를 제공하는 렌탈 시스템이다. 600×1200mm를 기본 모듈로 하고, 설계부터 제작과 설치, 해체까지 직접 진행한다. 소비자는 적은 비용으로 유지관리에 대한 부담 없이 가구를 경험할 수 있고, 자재를 다른 용도로 계속해서 사용하기에 비용과 환경 면에서도 이롭다.

감: 렌탈 시스템 작업 중에서도 대표로 꼽는 프로젝트가 있다면?
김: 올해 1월, 복합문화공간인 피크닉(piknic)에서 3주 동안 열렸던 전시 〈SMALLS 2020〉이다. 빌드웰러의 제품과 시 무엘 스몰즈의 빈티지 가구를 선보이는 자리로, 우리는 가구 전시를 위한 공간까지 함께 작업했다. 갑작스럽게 진행하게 되어 준비 기간이 빠듯했는데 미리 자재를 보유하고 있었기에 2주 만에 작업을 마칠 수 있었다. 다시 제작해야 했다면 적어도 한 달은 걸렸을 것이다. 시스템의 장점이 발현된 프로젝트라 더 뿌듯했다.

감: 실제로 제작 후에 모듈을 변형해 새롭게 활용한 사례가 있나?
김: 가장 처음 작업한 공간 프로젝트는 창고를 개조한 인더매스(In the mass)라는 카페였다. 건축주는 카페 외에도 팝업 전시나 제품 판매의 용도로 공간을 사용하고 싶어 했다. 우리는 1.2×1.2m 크기의 테이블을 다양한 레이아웃으로 조합하는 방식을 제안했다. 테이블의 다리 간격을 일정하게 맞춰 제작해 연결 부재로 고정하면 하나의 큰 테이블로 활용하는 것도 가능하다.

라이프스타일 브랜드 빌드굿의 팝업 스토어. 일정 기간 이용하고 다른 용도로 재사용하는 렌탈 시스템의 장점이 잘 드러난 작업이다.

가방과 신발을 제작하는 브랜드인 오소이^{Osoi}의 제품 전시 공간을 만들기도 했다. 그들은 도쿄에 브랜드를 론칭하면서 시즌마다 다른 장소에서 제품을 소개하기를 원했다. 우리는 제품의 크기에 맞춰 400×1200mm를 기본 모듈로 하는 오소이 포터블 스토어 키트를 제작했다. 모듈은 핀이나 패드를 끼우면 여러 레이아웃으로 변형이 가능해 제품을 다양한 방식으로 보여줄 수 있다. 직접 모듈을 바꿀 수 있도록 조립 매뉴얼까지 함께 만들어 제공했다.

감: 마치 공간의 애프터서비스 같은 개념이다.
정: 공간을 이용하다가 변화를 주고 싶은 부분이 생기면 그에 맞춰 기존 자재를 새롭게 사용하는 방법을 제안한다. 신발 브랜드인 그라더스^{grds}와는 2020년 2월에 쇼룸 리뉴얼 작업을 하고 11월에 또 한 번 공간에 변화를 줬다. 전시 선반의 판재를 떼고 붙일 수 있도록 제작한 덕분에 부재를 그대로 쓰면서도 새로운 분위기를 낼 수 있었다.

이러한 애프터서비스는 제품 하나만 구매해도 똑같이 적용된다. 높이를 조정하거나 소재를 교체하고 부재를 추가해 크기를 늘릴 수도 있다. 물론 비용은 청구하지만 (웃음) 새로 사는 것보다 훨씬 저렴하다. 계속 다른 모습으로 사용하는 것은 우리가 원하는 방향이기도 하다.

우리의 목표는 완벽한 가구를 만들기보다는 '공간을 이용하는 방법을 만드는 것'이다. 중요한 것은 시간에 따라 공간을 잘 활용하는 방법에 대한 연구다. 빌드웰러가 그 좋은 도구가 되었으면 한다.

builddweller ®

빌드웰러
여섯 가지 부재를 조합해 가구와 공간의 요소를 만든다. 아크릴이나 금속처럼 얇고 가벼우면서도 견고한 소재로 제작한 모듈은 때로는 손바닥 크기의 명함꽂이가 되고, 때로는 전시 부스로 변신하며 공간을 다양한 부피와 질감으로 채워낸다.
www.builddweller.com

©gessi

3.4

Bathroom
Hardware

욕실 공간의 하드웨어

욕실 공간의 하드웨어는 작은 크기이지만
꼭 필요한 기능을 갖추어 여러 행위를 돕는다.
수건걸이부터 수전, 트렌치까지 각양각색
욕실 하드웨어를 만나는 시간.

Types of
Bathroom
Hardware

편리함과 쾌적함을
높이는 욕실 하드웨어

욕실은 거실이나 침실과 달리 물을 사용하는 특정
행위가 일어나는 공간이다. 여기서 하드웨어는 행위를
보조하는 기능적 요소이자 분위기를 전환하는 디자인
요소로 역할한다. 욕실의 하드웨어, 무엇이 있고 각각은
어떤 기능을 담당하는지 살펴보자. 글 정경화

욕실의 하드웨어

수전 IHd05

수전은 토수구나 밸브 등 물의 공급을 제어하는 설비를
총칭하는 단어로, 설치 위치에 따라 세면 수전과 샤워 수전,
욕조 수전으로 나뉜다. 물로부터 장치를 보호하고 적절한
내구성을 발휘하기 위해 금속을 재료로 쓰는데, 대개는
황동을 주조해 형태를 만들고 크롬이나 니켈로 도금한다.
도금의 두께에 따라 내구성이 좌우되기 때문에 국내에서
유통되는 제품은 한국산업표준(KS)에서 크롬, 니켈의 도금
두께가 각각 0.1 μm, 2.0 μm 이상이 되도록 규제하고 있다(KS B
2331:2017).
요즘에는 가장 일반적인 레버 손잡이를 비롯해 버튼식이나
센서로 감지하는 광감지식처럼 누구나 쉽게 조작할 수 있는
제품이 주를 이룬다. LED 화면에 물의 온도를 표시해주거나
수온에 따라 색이 변하는 스마트 기능을 접목한 제품도 속속
등장하고 있다.

배수 트렌치 IHa07

트렌치는 바닥의 물을 잘 흘려보내기 위해 배수구에 설치하는
장치다. 배수관에 연결된 케이스와 그 위를 덮는 덮개로
이루어지고, 팝업 트랩을 포함하기도 한다. 일종의 마개와
같은 장치인 팝업 트랩은 물이 흐를 때만 수압에 의해 통로가
열리고 평소에는 닫혀 있어 배관에서 올라오는 악취를
막아준다. 우리가 욕실에서 보는 모습은 트렌치의 덮개로,
표면에 물 빠짐을 위한 구멍이 뚫려 있다. 150×150mm
규격의 정사각형 스테인리스 스틸 덮개가 가장 보편적이고
얇고 긴 직사각형 모양이나 코너 부위에 맞춰 삼각형 모양으로
만들기도 한다. 덮개를 바닥재와 같은 타일로 제작해 바닥의
일부인 것처럼 느껴지도록 하거나 자갈을 위에 깔아 가리는
경우도 있다. 제품을 구매할 때에는 연결할 배수관의 규격을
미리 확인해야 하는데, 대부분은 지름이 50mm인 배관에
맞춰 46mm 크기의 제품을 쓴다.

욕실 액세서리

컵대와 비누대부터 옷걸이, 수건걸이 IHa08 와 휴지걸이 IHa09,
그리고 세면대나 샤워 부스에 설치하는 수납장까지, 욕실에는
다양한 액세서리들이 자리하며 사람들의 여러 행위를 돕는다.
이들은 작고 사소하지만 욕실의 편리함을 높이고 분위기를
바꿔주는 요소다. 대개 수전이나 마감재와 비슷한 디자인으로
선택해 욕실의 콘셉트를 강조하고, 일반적으로 쓰는 금속 대신
플라스틱이나 도기, 유리 같은 낯선 소재를 사용해 새로움을
더하기도 한다.

욕실에서 발견하는 수전의 종류

세면 수전

세면 수전은 설치 위치에 따라 세면대 또는 하부장 상판에 설치하는 대붙이와 세면대 뒤쪽의 벽면에 설치하는 벽부형 수전으로 나뉘고 드물게는 바닥에서부터 올라오는 프리스탠딩 수전도 있다.

벽부형 수전은 온수와 냉수를 섞어주는 믹서와 배관을 벽체에 매입하고 토수구와 손잡이만 노출하는 형태로 세면대 윗부분을 깔끔하게 유지할 수 있는 것이 장점이다. 대붙이 수전은 상판에 나 있는 구멍의 개수에 따라 1홀, 2홀, 3홀 수전으로 종류가 나뉜다. 1홀 수전은 손잡이와 물이 나오는 토수구가 일체화되어 있고 냉·온수 배관이 하나의 구멍을 통해 세면대로 올라와 연결된다. 작동이 쉽고 디자인이 깔끔한 데다 관리가 편해 가장 대중적으로 쓰인다. 2홀 수전은 손잡이와 토수구가 분리된 경우이고, 3홀 수전은 냉·온수 배관이 각각의 구멍을 통해 따로 연결된다. 대개 손잡이도 2개로 분리되어 있어 각각을 여닫아 수온을 조절한다. 국내 제품은 대부분 1홀이고, 수입 제품은 3홀 수전이 많다.

욕조 수전

욕조 수전은 욕조에 일체화된 데크형과 벽면에 매입하는 벽부형, 프리스탠딩의 세 가지 종류가 있다. 세 종류 모두 활용도를 높이기 위해 핸드 샤워를 조합하는 편이다. 데크형은 매립형 욕조 상판이나 벽면에 설치하는 것으로 아파트에서 흔히 볼 수 있다. 벽부형은 세면 수전과 마찬가지로 토수구와 손잡이만 노출한다. 프리스탠딩은 수전이 바닥에서부터 올라와 단독으로 서 있는 형상으로, 독립형 욕조와 함께 사용한다.

콜러의 레브Reve 시리즈 탑볼 세면기와 퓨리스트Purist 세면 수전.

샤워 수전

1 핸드 샤워

가장 일반적인 샤워 수전으로 길이와 위치를 조절하기 쉬워
활용도가 높다. 샤워 호스와 샤워 헤드, 벽면에서 뻗어 나와
샤워 헤드를 고정하는 샤워 걸이, 그리고 샤워 걸이를 고정하고
높이를 조정하는 슬라이드 바로 이루어진다. 호스는 정리가
간편한 인출식을 사용하고 길이는 150cm 이상인 것이 쓰기에
편리하다.

2 노출형 레인 샤워

핸드 샤워에 천장에서 물을 분사하는 샤워 헤드를 결합한
방식이다. 비가 쏟아지듯 물이 흐른다고 해서 레인 샤워, 헤드
모양이 해바라기를 닮아 해바라기 수전이라고도 불린다. 샤워
컬럼이 천장까지 뻗어 나와 샤워 헤드를 고정한다. 높은 곳에서
폭포수처럼 떨어지는 물줄기를 선호한다면 노출형 레인
샤워가 안성맞춤이다. 단, 물이 여기저기로 튈 수 있으므로
청결 유지를 위해 가능하면 샤워부스가 있는 욕실에 설치하는
것이 좋다.

3 매립형

냉·온수 배관을 벽체에 묻어두고 손잡이와 토수구만
노출하는 방식이다. 외관이 깔끔하고 고급스러워 호텔에서
많이 쓰이며, 최근에는 고급 레지던스나 주택에서도 사용이
늘고 있다. 유지관리가 간편한 대신 핵심 부속 장치가 모두
골조에 매립되므로 처음에 신경 써서 공사해야 한다. 한번
설치하면 다른 형태로 바꾸기 어렵고 안에서 누수가 발생하면
벽체를 다시 뜯어내야 하는 불상사가 생길 수도 있다.

　　매립형은 샤워 헤드와 핸드 샤워의 두 가지 조합을 기본으로
하고, 바디 제트, 폭포수, 레인 샤워, 미스트 분사 등 최소 다섯
가지의 분사 모드를 갖추고 있다. 분사 기능은 미리 선택이
가능하므로 실제 사용 패턴을 고려해 적합한 기능만 포함하는
것이 현명하다.

용도별 수전 선택 가이드

수전[Hd05]은 기본적으로 세면대, 욕조 등 함께 사용하는 도기에 어울리는 제품을 선택하고, 예산과 선호도에 맞춰 브랜드와 기능, 유형을 하나씩 결정해 나간다. 수전을 선택할 때 고려해야 할 요소와 전문가의 팁을 함께 소개한다. 글 정경화

세면 수전을 선택할 때 고려해야 할 일곱 가지 요소

+TIP

세면대의 세 가지 종류

세면대는 크게 단독형, 스탠드형, 카운터형으로 나뉜다. 단독형은 크기가 작고 배관이 그대로 노출되는 것으로 좁은 욕실에 알맞다. 스탠드형은 도기가 배관 위치까지 내려오는 형태이고 몸체의 길이에 따라 긴다리 세면대와 반다리 세면대로 나뉜다. 상판을 함께 설치하는 카운터형은 세면대를 두는 방법에 따라 탑 카운터와 언더 카운터, 탑볼형으로 세분된다. 탑 카운터는 상판을 타공해서 세면대의 일부만 매립하는 방식이고, 언더 카운터는 전부 매립해 오목한 형상을 이룬다. 탑볼형은 카운터 위에 세면대를 그릇처럼 얹는 형태다.

① 세면대의 디자인

사람의 체형에 따라 어울리는 옷이 다른 것처럼 수전도 세면대의 종류에 따라 적합한 유형이 어느 정도 정해져 있다. 예를 들어 언더 카운터 세면대에는 목이 짧은 수전이, 탑볼형에는 목이 긴 수전이 어울리고 아파트에서 흔히 사용하는 반다리 세면대에는 가장 기본인 대붙이 1홀 수전이 알맞다. 긴다리 세면대는 대개 클래식한 디자인이라 손잡이가 두 개인 3홀 수전 중에서 비슷한 분위기의 제품을 조합하면 좋다. 한샘넥서스 B2B팀 정동일 차장은 "세면대는 원형보다는 사각형에 모서리 부분을 둥글게 마감한 디자인을 선호하는데, 이 경우 수전은 곡선이 가미된 디자인을 쓰는 식으로 형태를 서로 비슷하게 맞춘다"며 조합의 노하우를 전한다.

② 세면대의 규격

세면 수전은 함께 사용하는 세면대에 적절한 규격인지, 세면대를 간섭하지 않는 위치에 배치가 가능한지를 확인해야 한다. 수전의 위치가 세면대보다 지나치게 높으면 물이 튀어 사용하기 불편하고, 수전과의 각도가 맞지 않으면 물이 중앙에서 빗겨 가거나 비스듬하게 떨어질 수 있다. 세면대가 넓은 경우에는 물을 내뿜는 토수구의 길이가 긴 제품을 선택해야 하고, 탑볼형 세면대라면 토수구의 높이와 서로 간섭되지는 않는지 미리 따져보아야 한다. 또 하부장 위에 세면대를 놓는 경우에는 장과 세면대의 규격에 따라 쓸 수 있는 수전이 제한되기도 한다. 일반적으로 하부장의 폭을 500mm, 세면대의 폭을 350mm 정도로 계획하는데, 만약 400mm가 넘는 세면대를 쓰는 경우 수전을 넣을 공간이 없기 때문에 벽부형을 써야 한다.

③ 세면대의 수전 설치 구멍

세면대는 수전 설치 구멍의 개수에 따라 1홀, 2홀, 3홀로 나뉘고, 그에 맞춰 쓸 수 있는 수전의 유형이 결정된다(p.140 참고). 수전 구멍의 지름 크기는 대부분 35mm지만 제조사에 따라 약간씩 차이가 있으므로 세면대에 난 구멍의 지름을 측정해 수전과의 호환 여부를 확인해야 한다.

수전은 세면대에 난 구멍의 개수에 따라
쓸 수 있는 유형이 달라진다.
(왼쪽부터) 1홀 수전과 2홀, 3홀 수전.

④ 냉·온수 밸브의 위치

수전에 연결된 냉·온수 급수관의 길이가 급수 밸브에 닿을 정도로 충분히
길지 않으면 추가로 연결 부품을 설치해야 한다. 욕실의 밸브 위치를 미리 점검해
급수관의 길이가 적절한지 확인하자.

⑤ 물막이 장치의 종류

물막이 장치인 세면대 팝업은 지렛대의 원리를 이용해 여닫는 레버식과
손으로 직접 눌러서 작동하는 클릭식이 있다. 레버가 포함되지 않는 수전이라면
클릭식을 사용해야 한다. 레버식은 고장 나면 개폐가 잘 되지 않거나 물이 새는 경우가
있어 조작이 간편한 클릭식으로 바뀌는 추세다.

⑥ 손잡이의 종류

손잡이는 디자인과 작동 방식을 고려해 결정한다. 손잡이의 종류는 흔히 볼 수
있는 레버형과 바퀴처럼 돌려서 물의 세기를 조절하는 ＋자형, 그리고 문손잡이처럼
손으로 잡고 돌려서 여는 원형이 있다. 레버형은 누구나 쉽게 사용할 수 있어 가장
보편적이고, 원형 손잡이는 미끄러지지 않도록 표면을 처리해야 쓰는 데 불편함이
없다. ＋자형은 젖은 손으로 사용해도 미끄러짐이 적은 것이 장점이다. 오래 전에
쓰이던 방식이라 인더스트리얼 하거나 클래식한 느낌을 내기에도 좋다.

⑦ 위생과 안전

세면 수전은 한국물기술인증원에서 부여하는 KC 위생 안전 인증마크를
보유한 제품인지 확인한다. 이 인증은 수전을 사용하면서 납, 카드뮴 등의 유해
성분이 허용 기준 이상으로 검출되지 않는지를 검증하는 제도로, 국내 유통 제품은
의무적으로 인증을 받아야 한다. 위생을 고려한다면 손잡이를 만지지 않고 사용하는
터치리스 세면 수전도 좋은 선택이다.

"제품을 결정했다면 분사나 절수 기능에 이상이 없는지,
설치 장소의 수압에 적정한 제품인지 등의 사양을
점검하자. 물이 튀는 현상은 물에 공기를 혼입하는 부속
장치인 에어레이터의 품질에 따라 좌우되므로 어떤
에어레이터 제품을 쓰는지 미리 확인하는 것이 좋다."

_**정동일** 한샘넥서스 B2B팀 차장

"디자인을 생각한다면 수전과 액세서리는
같은 시리즈로 통일하기를 권한다. 대부분의
브랜드에서는 콘셉트에 따라 여러 종류의 제품을
시리즈로 선보이므로 수전과 액세서리를 같은
디자인으로 통일할 수 있다. 모델을 통일하기 어렵다면
형태나 색상을 세면대, 욕조와 맞춰보자."

_**김진영** 콜러 마케팅팀 대리

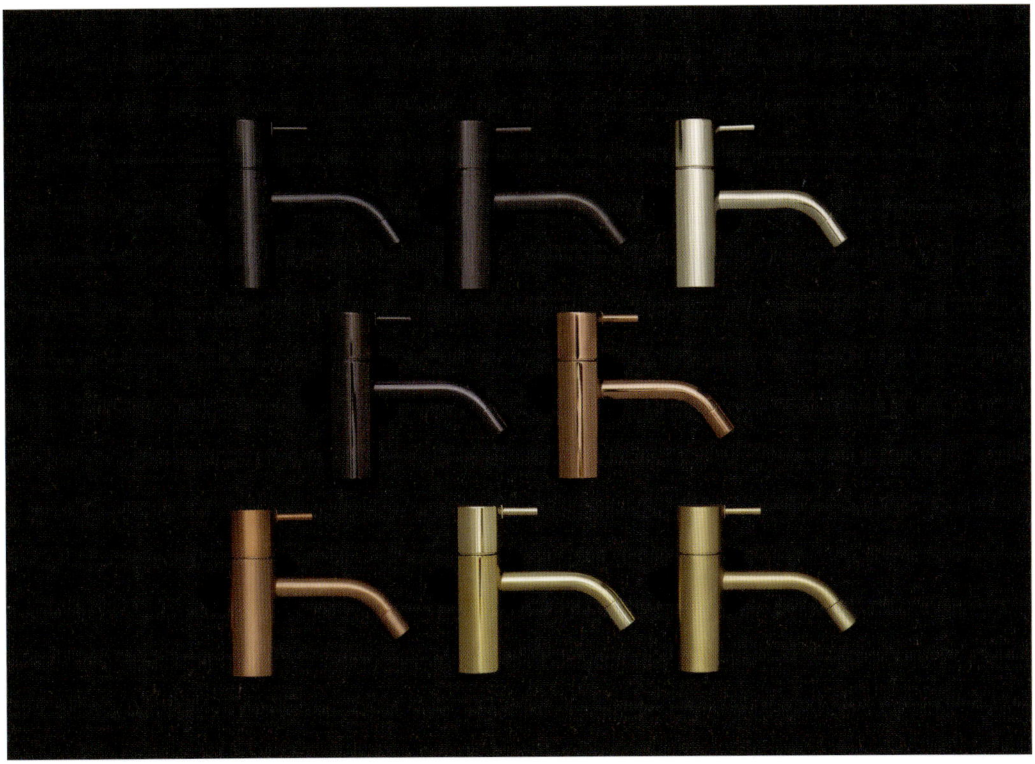

vola

+TIP

더 완벽한 마감을 위하여, PVD 방식

PVD(물리기상증착, Physical Vapor Deposition) 공법은 고급 손목시계나 보석, 안경에 쓰이는 표면 마감 방법이다. 일반적으로 수전은 금속 위에 다른 코팅을 덧입혀서 표면을 마감하는데, 이 방식은 시간이 지날수록 손상이 생긴다. PVD 공법은 물리기상증착 기술을 이용해 기존 방식의 단점을 보완한다. PVD 기계에 바탕 몸체를 넣으면 증기와도 같은 미세한 금속 입자가 표면에 달라붙어 몸체와 일체화된다. 이렇게 마감한 표면은 흠집이 생기거나 벗겨지지 않고 처음의 모습을 견고하게 유지한다. 열과 부식에 강하고 쨍한 밝기와 색감을 내는 데에도 독보적인 방법이라 일반적인 마감보다 가격이 두 배 이상 높음에도 계속해서 사용이 늘고 있다. 여러 수전 브랜드에서 앞다투어 개발하고 적용하는 표면 마감이기도 하다.

콜러의
메모아Memoirs 시리즈
샤워 수전과 욕실 수전

욕실 이용 방식

샤워 수전을 선택할 때는 가장 먼저 욕실의 주요 사용자와 규모, 용도 등의 특징을 확인한다. 여러 사람이 이용하는 욕실이라면 핸드 샤워나 슬라이드 바 형식으로 조정이 가능한 제품을, 샤워 외에 다른 용도로도 사용한다면 길이와 위치를 조절하기 쉬운 핸드 샤워 제품을, 군더더기 없는 디자인을 선호한다면 매립형 제품을 선택하는 것이 좋다.

공간이 협소하다면 핸드 샤워로 선택지가 제한될 수 있다. 핸드 샤워라도 표면이 넓고 분사 모드를 조절할 수 있는 제품을 사용하면 샤워 경험을 개선할 수 있다.

 배관 공사

급수관은 설비 공사를 통해 위치를 쉽게 바꿀 수 있지만, 배수관은 조정이 어려워 기존의 주거 공간에 설치하는 경우 배치가 제한될 수 있다. 특히 매립형 샤워 수전은 물을 공급하는 장치를 벽에 매립하기 때문에 설치 전에 배관 공사의 가능 여부를 확인해야 한다. 신축인 경우 타일 공사 전에 매립하고, 이미 지어진 건물이라면 별도로 공사를 진행한다. 장치와 배관을 매립하려면 깊이가 80~100mm 정도인 공간이 필요하다. 골조는 보통 150~200mm의 두께로 시공하기 때문에 대부분은 깊이가 충분하지만, 간혹 이 조건을 갖추지 못하는 경우에는 매립형을 사용하기가 어렵다. 이 밖에도 욕실의 층고에 맞춰 급수 배관 높이를 결정하고 또 천장 마감재를 미리 고려해야 사용에 불편함이 없다.

 수압

천장형 오버헤드 수전은 헤드의 면적에 따라 필요로 하는 수압이 다르다. 300×300mm를 기준으로 3~4kg 정도의 수압이 필요하고 300×500, 500×500mm 등으로 면적이 넓어지면 수압이 더 높아야 한다. 수압이 낮음에도 넓은 제품을 쓰고 싶다면 천장에 펌프를 설치해야 한다. 그러나 이 방식은 물을 끌어 올리기 위해 모터를 사용하기 때문에 진동과 소음이 발생한다는 단점이 있다. 또 주상복합 건물은 아파트보다 수압이 약한 편이라 좀더 불리하다.

 추가 기능

욕실에서 물을 쓰다가 갑자기 수온과 수압이 변해 불편을 겪은 경험, 누구나 한 번쯤 있을 것이다. 대개 세탁기나 식기세척기 등 주변에서 물을 함께 사용하기 때문인데, 자동 온도조절 수전은 수온을 일정하게 유지해주는 온도조절 믹서를 이용해 이러한 불편을 개선한다. 온도조절 믹서는 기존에 사용하던 수전에 추가로 설치하거나 제품 자체에 내장되어 있다. 이밖에 공기를 혼입하는 분사 기능을 갖춘 샤워 수전은 더 적은 물로 동등한 수압을 유지할 수 있고 약간이지만 수온이 상승하는 효과도 있다.

취재를 도와준 브랜드

이케아 www.ikea.com/kr, 1670-4532
콜러 www.kohler.co.kr, 02-3488-1824
한샘넥서스 www.nexus-official.com, 1670-1950

vola

전문가가 추천하는
욕실 하드웨어 19선

욕실 대표 브랜드의 전문가들이 엄선한 수전과 액세서리 제품을 소개한다.
욕실 공간의 변화를 꿈꾼다면 눈여겨봐야 할 19가지 아이템. 글 정경화

다양한 선택과 조합

크롬으로 마감한 레버 수전 일색이던
시절은 지났다. 수전의 색상과
질감은 갈수록 다양해지고, 최근에는
소비자가 취향에 따라 손잡이와
토수구의 디자인을 조합하는 제품도
등장했다. 또 코로나19의 영향으로
센서를 이용한 터치리스 시스템이
크게 주목받고 있다. 업계에서는 감지
기술의 정밀도를 높이면서 센서가
보이지 않도록 숨기는 디자인을
활발히 개발하고 있다.

브로그룬드Brogrund

이케아의 디자이너 헨릭 프레웃스Henrik
Preutz와 니케 칼손Nike Karlsson은 '혼돈과
조화'의 공간인 욕실을 편리하게 이용하도록
돕기 위해 브로그룬드 시리즈를 디자인했다.
이 제품은 단단한 세라믹 디스크를 적용해
수온을 조절할 때 발생하는 마찰을 오래
견딘다. **이케아**

함셰르Hamnskär

곡선을 한껏 강조한 형태로 클래식하면서도
위트가 느껴진다. 일반적인 수전은 물을 틀면
냉수와 온수가 동시에 나오지만, 온수는
끝까지 나오지 않고 중간에서 멈춰버리는
구조다. 반면, 이 제품은 냉수가 먼저 나오고,
왼쪽으로 돌릴 때만 온수가 나오는 콜드
스타트 기능을 갖춰 에너지 절약을 돕는다.

이케아

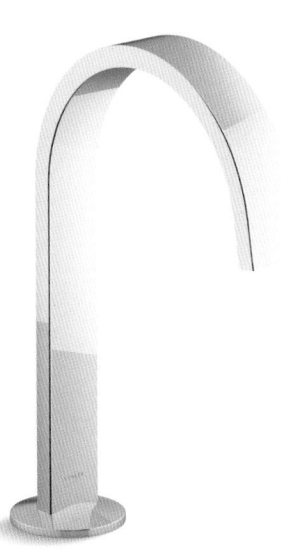

컴포넌트Components **컬렉션**

수전의 형태와 마감을 조합해 72가지의
연출이 가능한 커스터마이징 제품이다. 먼저
곡선형의 튜브, 직선과 곡면이 어우러진 리본,
직선형의 로우 중에서 토수구의 디자인을
선택하고 손잡이는 다이얼, 레버 등 네
가지 종류 중에서 원하는 방식을 고른다.
마지막으로 색상과 질감을 선택하면 나만의
수전이 완성된다. **콜러**

인시소Inciso

미국의 건축가 데이비드 록웰David Rockwell과
협업하여 디자인한 컬렉션이다. 둥근 겉면과
상반되도록 안쪽을 평평하게 깎아내 슬림함을
강조했고, CNC 방식으로 정밀하게 가공해
디테일까지 세심하게 구현했다. **제시**

렉탱글로 케이 Rettangolo K

2002년 제시에서 선보인 렉탱글로Rettangolo의
후속작. 본래의 단순하고 각진 형태에 사선을
더해 날카로움을 더욱 살렸다. 황동을 기본으로
9가지 마감이 있다. **제시**

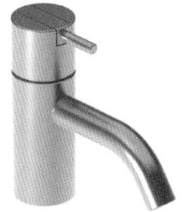

HV1

1968년 덴마크의 건축가인 아르네 야콥센이
디자인한 세면 수전으로 덴마크의 수전
브랜드, 볼라의 대표 제품이다. 순수한 도형을
닮은 형태에서 기하학적인 아름다움이
느껴진다. 손잡이와 토수구의 길이, 수전
기둥의 높이를 각각 선택하여 조합한다. **볼라**

111

볼라에서 최초로 선보인 벽부형
수전으로, 1968년 창립자인 베르너
오어고어와 건축가 아르네 야콥센이
함께 디자인한 상징적인 제품이다. 모듈
시스템을 기반으로 토수구와 밸브,
손잡이와 백플레이트를 각각 선택할 수
있고 마감의 종류도 27가지로 다양해
고르는 재미가 있다. **볼라**

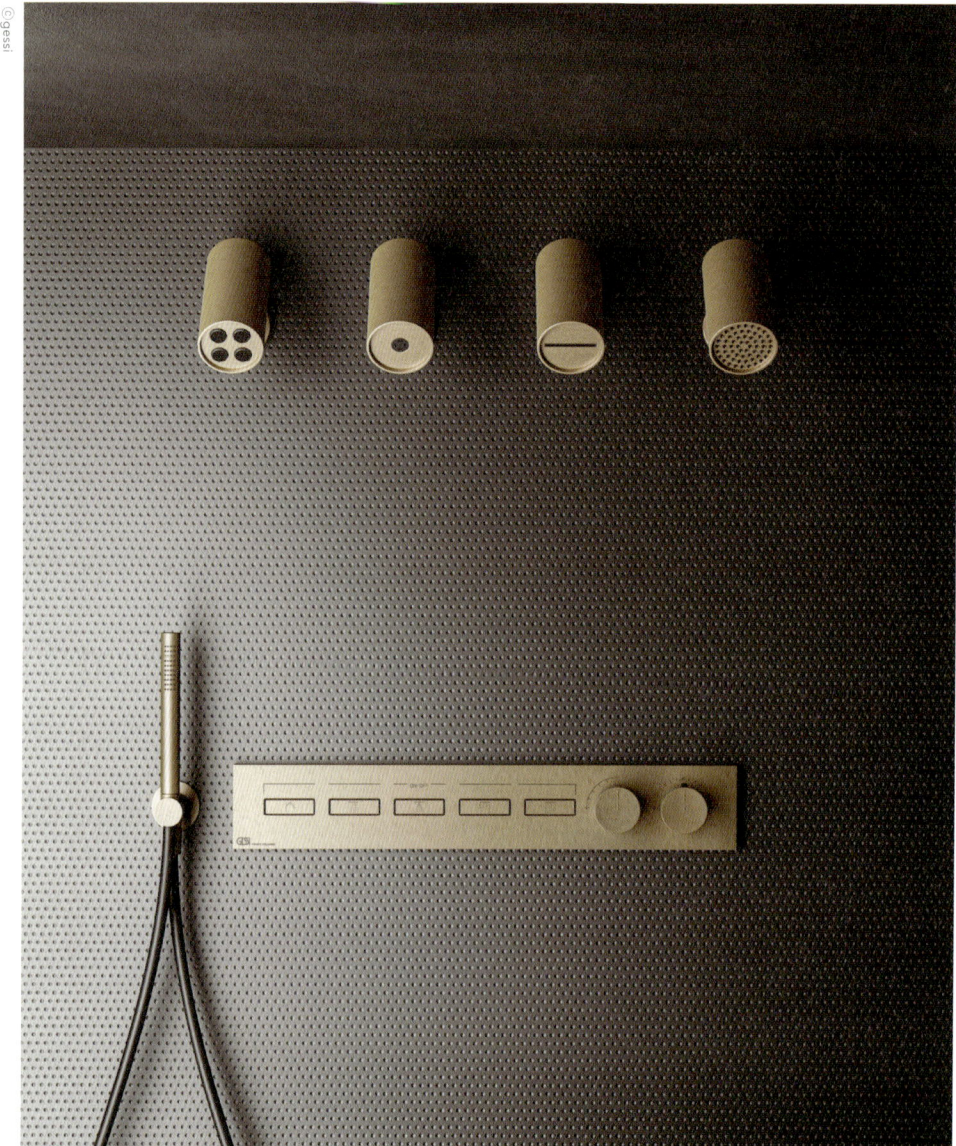

디자인을 이기는 기술

샤워는 몸을 씻는 것만을 위한 행위가 아니다. 분사되는 물을 맞으며 몸을 덥히거나 식히고 스트레스를 해소하며, 때로는 하루를 정리하고 명상에 잠기기도 한다. 그러다 보니 분사 모드와 같은 기능에 중점을 두고 제품을 선택하는 경우가 많다. 최근에는 옵션을 세밀하게 조절할 수 있는 디지털 제어나 사물인터넷 기술을 접목한 음성 제어 방식으로 진화하고 있다. 이러한 제품은 자동으로 온도를 조절하고 음악, 조명과 같은 옵션을 제공하기도 하며 욕실 경험의 질을 높인다.

복스난 Voxnan

이케아의 핸드 샤워 수전인 복스난에는 물의 절약과 편안한 샤워 경험 사이에서 균형을 유지하기 위한 여러 기술이 담겨 있다. 샤워기에는 작은 압력 조절 와셔 PCW가 달려 있어 수압을 그대로 유지하면서 물의 사용량을 줄여주고, 온도조절믹서는 토수량과 수온을 일정하게 유지해준다. 특히 온도조절믹서에 부착된 38°C 안전 제어 버튼 덕분에 수온이 높아도 표면이 뜨거워지지 않아 안심하고 쓸 수 있다. **이케아**

브로그룬드 Brogrund

복스난과 함께 이케아의 욕실 하드웨어를 대표하는 시리즈로, 헤드 샤워기와 핸드 샤워기를 간편하게 오가며 사용할 수 있는 실용적인 아이템이다. 복스난과 마찬가지로 압력 조절 와셔가 달려 있어 물의 절약을 돕는다. **이케아**

Gessi 316

제시의 프리스탠딩 욕조 수전으로 스테인리스 스틸 316을 소재로 해 내구성이 뛰어나고 처음의 아름다움을 오래 지속한다. 이 소재는 물성이 뛰어난 대신 지나치게 단단하다 보니 가공이 어려운 것이 흠인데, 형태는 단순하게 만들면서 CNC 방식으로 표면을 깎아 패턴을 더하는 방법으로 단점을 똑똑하게 극복했다. **제시**

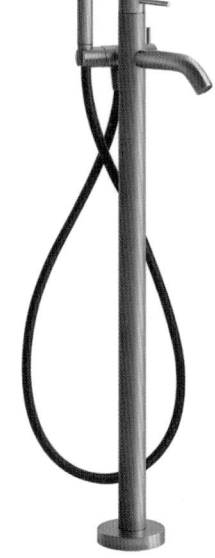

하이파이 HI FI

오디오 음향 시스템을 모티브로 만든 이 제품은 두 개의 조절 바와 다섯 개의 버튼으로 이루어져 있어 오디오를 조작하듯 수온과 샤워 모드를 세밀하게 조절한다. 얇은 부피감을 만들기 위해 부품은 최소한의 크기로 제작했고 스테레오 세트의 똑딱거리는 소리, 버튼을 클릭하는 느낌까지 그대로 구현해 샤워하는 짧은 순간을 사적인 몰입의 시간으로 바꿔낸다. **제시**

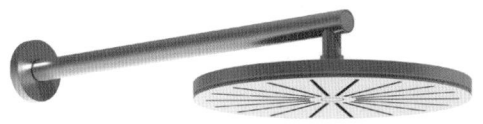

060

비가 내리는 듯한 자연스러운 분사 모드가 인상적인 볼라의 매립형 레인 샤워 수전. 사람이 손수 표면을 브러싱해 섬세한 질감을 구현했고, 제조 과정에서 발생한 황동 폐기물은 주조 공장으로 보내져 원료로 재사용한다. **볼라**

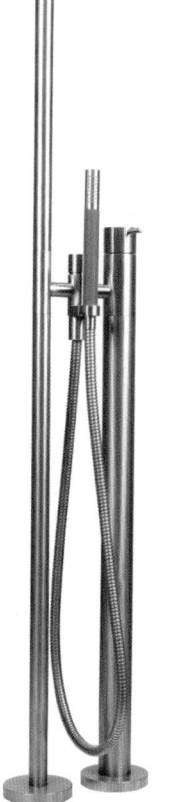

FS1

프리스탠딩 욕조를 위한 수전으로 핸드 샤워가 함께 설치되어 있어 더욱 실용적이다. 기능을 위해 필요한 최소한의 요소만 담았고 곧게 뻗은 직선의 아름다움을 강조했다. **볼라**

욕실의 경계가 사라지는 순간

주거 공간의 면적이 줄어들면서 실을 나누고, 각각에 용도를 부여하던 집이
스튜디오처럼 하나의 열린 공간으로 바뀌어간다. 그에 따라 보이지 않게
숨겨져 필요한 기능만을 담당하던 욕실도 점점 거실처럼 열린 공간으로 변하고
있다. 특히 새롭게 지어지는 호텔이나 주택을 보면 그 변화가 여실히 느껴진다.
액세서리 역시 기능에만 집중하던 것에서 사용자에게 다양한 경험을 제공하는
방향으로 발전한다. 욕실에서의 정해진 행위와 관념에서 벗어나 음악을 듣거나
소파에 앉아 쉬어 가는 등 더 나은 휴식을 돕는 여러 장치가 더해지고 있다.
아직 영역이 크게 확장되지는 않았지만, 업체들은 욕실 하드웨어의 전형적인
모습을 탈피하는 것을 시작으로 부지런히 변화를 준비 중이다.

취재를 도와준 브랜드

가와준코리아 www.kawajun.kr, 02-707-1691
볼라 www.vola.com, 02-3463-7752
이케아 www.ikea.com/kr, 1670-4532
콜러 www.kohler.co.kr, 02-3488-1824
한샘넥서스 www.nexus-official.com, 1670-1950

T39EL

볼라의 수건걸이IHa08 겸 워머 제품으로 원과 직선이 이루는 조형미가 인상적이다. 한국에서는 다소 낯선 장치이지만 욕실 생활을 한층 따뜻하고 기분 좋게 만들어준다. 레일 개수는 3~20개, 레일 사이의 간격은 100~300mm 내에서 조정이 가능해 벽체의 타일 마감재 규격에 맞춰 욕실 디자인에 일관성을 더할 수 있다. 온도는 20~50℃ 내에서 조절하고 자동 타이머 기능을 설정하면 2시간 후에 자동으로 꺼진다. **볼라**

칼크그룬드Kalkgrund

최소한의 부재로 제작해 깔끔함을 살린 이케아의 유리 선반 제품. 크롬으로 마감한 금속 고정부는 쉽게 닦이고 내식성과 내구성이 뛰어나 처음의 반짝임을 오래 유지한다. 선반은 열과 충격에 강한 강화유리를 사용해 견고함을 더했다. **이케아**

네오테릭Neoteric 컬렉션

공간과의 조화를 추구하는 가와준의 철학이 느껴지는 휴지걸이 제품. 견고한 알루미늄 소재를 미세한 연마재를 분사하는 블라스팅 기법으로 마감해 질감이 따뜻하고 시간이 지나도 처음의 모습을 오랫동안 간직한다. **가와준**

RS1

벽에 매입해 설치하는 빌트인 휴지통. 바닥에서 띄워져 있어 위생적이고 깔끔한 환경을 조성한다. 무릎으로 가볍게 눌러 여는 방식이라 센서형 수전과 함께 배치하면 손의 접촉을 최소화하는 청결한 공간을 만들 수 있다. 공공시설에서 특히 활용도가 높다. **볼라**

아쿠아라인Aquline 컬렉션

2020년 출시한 가와준의 휴지걸이IHa09 제품. 나뭇가지를 형상화한 디자인으로 자연에서의 진정한 휴식을 표현했다. 아연 주물과 스테인리스 스틸의 두 가지 소재로 제작하고 색상은 다섯 가지 옵션 중에서 선택 가능하다. **가와준**

스틸리스Stillness 시리즈

콜러의 스틸리스 시리즈는 매끄러운 선을 살린 디자인에 PVD 마감을 적용해 내부식성, 내구성이 뛰어나고 처음의 광택을 오래도록 유지한다. 납과 카드뮴 같은 중금속을 포함하지 않은 친환경 소재를 사용한 것도 장점이다. 여러모로 미국을 대표하는 욕실 브랜드의 저력이 느껴지는 제품. **콜러**

4

SUPPLEMENT

인테리어 하드웨어 브랜드 정보

문, 창, 가구, 욕실 공간의 네 가지 분야로 구분하여 국내외 대표 하드웨어 브랜드에 관한 정보를 수록했다. 하드웨어 제품을 둘러보고 공간에 적용된 모습을 확인할 수 있는 쇼룸도 함께 소개한다. 낯설고 생소한 하드웨어에 대해 한발 더 깊숙이 알아가 보자.

문 구동 하드웨어

❶ 두현창호

취급제품	접이·연동문 하드웨어, 시스템 창호 하드웨어
주소	경기도 파주시 탄현면 축현산단로 63-8
연락처	031-943-6205
홈페이지	www.1588-8895.com
제공 서비스	주문제작 가능, 시공팀 보유

❷ 삼화정밀㈜

취급제품	도어클로저, 플로어 힌지, 자동폐쇄 장치, 개폐 장치
주소	경기도 시흥시 희망공원로 234 시화공단 2나 601호
연락처	031-412-0100
홈페이지	www.kingdoorcloser.com
제공 서비스	제품 구매시 대리점 이용

❸ 세한루체

취급제품	경첩, 도어락, 도어클로저, 문손잡이, 미닫이 유리문 하드웨어, 알루미늄 프레임 도어
주소	서울특별시 강남구 언주로 129길 11 G빌딩 1~2층
연락처	02-546-6760
홈페이지	www.sehanluce.co.kr
SNS	⊙ sehanluce

❹ 씨케이도어ᶜᴷᴰ

취급제품	자동복귀 경첩, 댐퍼, 여닫이·미닫이문, 연동문 부품
주소	충청남도 천안시 서북구 직산읍 4산단4로 20
연락처	(폴딩사업부) 041-587-6762 (연동사업부) 041-541-6762
홈페이지	www.ckdoor.co.kr

❺ 아린엠에이치씨

취급제품	경첩, 도어락, 손잡이, 도어클로저, 기타 가구 하드웨어
주소	경기도 광주시 오포읍 매자리길 94-42
연락처	031-765-2385
홈페이지	www.arinmhc.com

❻ 에이스도어

취급제품	도어클로저, 손잡이, 호차, 레일, 연동문 하드웨어
주소	인천광역시 서구 로봇랜드로 249번길 46-19
연락처	032-814-2223~4
홈페이지	www.ace-door.com

❼ 위드지스

취급제품	여닫이·미닫이문 하드웨어, 시스템 창호 하드웨어
주소	(본사) 인천광역시 서구 북항로 235
연락처	1577-5243
홈페이지	www.withjis.com
제공 서비스	중문 최소수량 100개, 소량 구매시 대리점 이용

❽ 중산시스템

취급제품	경첩, 손잡이, 여닫이·접이문 하드웨어
주소	경기도 남양주시 진접읍 부마로 227
연락처	1670-7471
홈페이지	www.jungsan.co.kr

❾ 현대 디엘

취급제품	방문, 현관문 도어락
주소	(서울사무소) 서울특별시 강남구 테헤란로38길 39 오성빌딩 3층 (공장) 대구광역시 달서구 성서공단로 58길 42
연락처	02-541-1915 053-605-7800
홈페이지	www.hyundaedl.co.kr

문 디자인 하드웨어

❶ 가와준코리아

취급제품	문·가구손잡이, 욕실 액세서리
주소	서울특별시 마포구 삼개로 20 근신빌딩 별관 402호
연락처	02-707-1691~2
홈페이지	www.kawajun.kr
SNS	⊙ kawajun_korea

❷ 디라인

취급제품	손잡이, 핸드레일, 욕실 액세서리
주소	서울특별시 서초구 양재천로 127 이노메싸
연락처	02-3463-7752
홈페이지	www.innometsa.com
SNS	⊙ dline_as

❸ 디앤디

취급제품	손잡이
주소	Localita' Piani di Mura, 2 Italy
연락처	info@dndhandles.it
홈페이지	www.dndhandles.it/en

❹ 미뗌바우하우스

취급제품	손잡이, 조명
주소	서울특별시 종로구 필운대로 46-1
연락처	02-749-2326
홈페이지	www.mitdembauhaus.com
SNS	⊙ mitdembauhaus

❺ 올리바리

취급제품	문손잡이, 도어스탑
주소	서울특별시 강남구 언주로 129길 11 G빌딩 1~2층 세한루체
연락처	02-546-6760
홈페이지	www.olivari.it

❻ 포르마니

취급제품	손잡이
주소	EUROPALAAN 12 6199 AB MAASTRICHT-AIRPORT, Netherlands
연락처	info@formani.nl
홈페이지	www.formani.nl

❼ 풀캐스트

취급제품	문, 가구 손잡이
주소	R. Particular de Regueirais 33, 4435-379 Rio Tinto, Portugal
연락처	info@pullcast.eu
홈페이지	www.pullcast.eu

❽ 필립 와츠 디자인

취급제품	문손잡이
주소	Unit 11: Byron Industrial Estate Brookfield Rd Arnold Nottingham, UK
연락처	sales@philipwattsdesign.com
홈페이지	www.philipwattsdesign.com

창 하드웨어

❶ 대현상공

취급제품	커튼월 하드웨어, PVC 창호 하드웨어, 턴앤틸트 하드웨어, 리프트앤슬라이드 하드웨어, 폴딩 도어, 방범망
주소	(본사) 경상남도 김해시 삼안로 44번길 21 (서울사무소) 경기도 안양시 동안구 벌말로 66 평촌역 하이필드 B동 703호
연락처	(본사) 055-325-6124 (서울사무소) 031-383-1130
홈페이지	www.wata77.com

❷ 로토

취급제품	턴앤틸트 하드웨어, 이노바 하드웨어, 경첩, 잠금장치
주소	충청북도 음성군 맹동면 덕금로 310번길 쓰리지테크놀러지
연락처	043-877-3750
홈페이지	ftt.roto-frank.com/int-en

❸ 마코 Maco

취급제품	유럽식(독일) 시스템 창호·문 하드웨어, 손잡이
주소	(본사) 경기도 포천시 군내면 반월산성로 193-43 ㈜에스알펜스터 (서울영업소) 서울특별시 강남구 논현로 738 ㈜에스알펜스터
연락처	031-592-3233
홈페이지	www.srfenster.com

❹ 빙크하우스

취급제품	턴앤틸트 하드웨어, 패러럴 창호 하드웨어, 잠금장치
주소	충청남도 천안시 동남구 목천읍 동평3길 106 ㈜비스유럽
연락처	041-579-2526
홈페이지	www.winkhaus.com

❺ ㈜세한이엔지

취급제품	롤러, 자동 잠금장치, 손잡이
주소	경기도 시흥시 옥구천서로 31번길 12
연락처	031-496-0371
홈페이지	세한이엔지.kr

❻ 쓰리지테크놀러지

취급제품	리프트앤슬라이드 하드웨어, 슬라이딩 하드웨어, 롤러
주소	(본사) 충청북도 음성군 맹동면 덕금로 310번길 (서울사무소) 서울특별시 서초구 안골길 3
연락처	(본사) 043-877-3750 (서울사무소) 02-3473-5111
홈페이지	www.3gtechnologies.co.kr

❼ 지게니아

취급제품	리프트앤슬라이드 하드웨어, 턴앤틸트 하드웨어, PVC 창호 하드웨어
주소	경기도 고양시 일산동구 일산로 16 디아뜨빌딩 514호
연락처	031-908-2310
홈페이지	www.unitrakorea.com

❽ G-U

취급제품	리프트앤슬라이드 하드웨어, 턴앤틸트 하드웨어, 문 하드웨어
주소	경기도 군포시 고산로 148번길 17 군포IT밸리 A-1902 ㈜지원이앤에스
연락처	031-425-0648 jqn@siwonens.com
홈페이지	www.g-u.com

가구 하드웨어

❶ 그라스(지아르케)

취급제품	경첩, 러너 시스템, 플랩 하드웨어
주소	서울특별시 서초구 서초대로 34가길 18 브라이트하우스 2층
연락처	02-2038-4472
홈페이지	www.grass.at

❷ 블룸

취급제품	경첩, 러너 시스템, 플랩 하드웨어
주소	경기도 용인시 기흥구 탑실로 10 우보인터내셔날
연락처	031-285-9491
홈페이지	www.blum.com/kr

❸ 코파산업 KOFA Co., ltd

취급제품	경첩, 러너 시스템, 레일, 손잡이, 플랩 하드웨어 등 가구 하드웨어
주소	경기도 김포시 양촌읍 황금4로 133
연락처	031-984-3792
홈페이지	www.ekofa.co.kr

❹ 헤티히코리아

취급제품	경첩, 레일, 러너 시스템
주소	서울특별시 마포구 월드컵북로 121
연락처	02-336-0290
홈페이지	www.hettich.com/kr_KO
특이사항	개인 구매불가능, 제품 구매시 대리점 이용

❺ 헤펠레코리아

취급제품	도어클로저 등 건축 하드웨어, 손잡이, 러너 시스템, 플랩 하드웨어, 가구용 간접조명
주소	서울특별시 강남구 학동로 38길 8
연락처	1899-0091
홈페이지	www.hafele.co.kr
SNS	ⓞ hafelekorea

❻ KP 인터내셔널

취급제품	경첩, 댐퍼, 러너 시스템, 레일, 수대, 플랩 하드웨어
주소	경기도 안산시 단원구 신원로 133번길 101
연락처	031-475-4650
홈페이지	www.indaux.co.kr
특이사항	인다욱스 하드웨어 공식 판매처

욕실 하드웨어

❶ 로얄앤컴퍼니㈜

취급제품	수전, 위생도기, 비데, 욕실 액세서리
주소	(본사) 경기도 화성시 시청로 895-20 (쇼룸) 서울특별시 강남구 논현로 709 로얄빌딩
연락처	1566-7070
홈페이지	mall.iroyalbath.com
SNS	ⓞ royal_and_company

❷ 볼라

취급제품	주방 수전, 욕실 수전, 욕실 액세서리
주소	서울특별시 서초구 양재천로 127 이노메싸
연락처	02-3463-7752
홈페이지	www.vola.com
SNS	ⓞ vola.korea

❸ 이케아

취급제품	주방 수전, 욕실 수전, 세면대, 욕실 액세서리
주소	경기도 광명시 일직로 17 IKEA광명점
연락처	1670-4532
홈페이지	www.ikea.com/kr
SNS	ⓞ ikeakr

❹ 제시

취급제품	주방 수전, 욕실 수전, 욕실 액세서리
주소	서울특별시 강남구 학동로 201 한샘넥서스
연락처	1670-1950
홈페이지	www.nexus-official.com
SNS	ⓞ gessi_official

❺ 콜러

취급제품	주방 수전, 욕실 수전, 욕실 액세서리, 위생도기
주소	서울특별시 서초구 남부순환로 2583 서희타워 4층
연락처	02-3488-1824
홈페이지	www.kohler.co.kr
SNS	ⓞ kohler

❻ 판티니 Fantini

취급제품	주방 수전, 욕실 수전, 욕실 액세서리
주소	서울특별시 강남구 논현로 132길 25 두오모앤코
연락처	02-516-6820
홈페이지	www.duomonco.com
SNS	ⓞ fantini_official

집을 이루는 하드웨어의 모든 것

헤펠레코리아

헤펠레코리아의 쇼룸은 누구나 쉽게 하드웨어를 보고 선택할 수 있도록 마련된 공간이다. 이곳에서는 많은 주방과 수납 가구, 건축용 문 하드웨어 중 일부 제품을 선별하여 전시한다. 그중에서도 활용도가 높은 주방용 제품은 공간의 면적에 따라 세 가지 콘셉트로 구분하여 전시하고 있다. 원룸이나 오피스텔과 같이 협소한 주거 공간을 위한 마이크로 아파트먼트Micro Apartment부터 일반적인 주거 공간에서 가구를 효율적으로 쓸 수 있도록 하는 이노베이션 키친Innovation Kitchen, 그리고 면적이 넓은 주방을 세련되게 채우는 와우 키친Wow Kitchen까지, 각 공간마다 적합한 하드웨어를 큐레이션하고, 적용 모습까지 확인할 수 있어 누구나 쉽게 자신의 공간에 맞는 제품을 고를 수 있다.

쇼룸에서 함께 눈여겨보아야 할 또 다른 전시 공간은 룩스Loox LED 시스템 존이다. 룩스는 LED를 이용한 간접조명 시스템으로, 키큰장이나 장식장 내부에 설치해 실용성을 높이면서 고급스러운 분위기를 자아낸다.

주소	서울특별시 강남구 학동로 233 1층
운영시간	평일 오전 9시~오후 6시 (공휴일 휴무)
연락처	02-541-4538~40
홈페이지	www.hafele.co.kr

다채로운 창호 하드웨어와의 조우

다가올 창호 박물관

쓰리지테크놀러지에서 운영하는 다가올
창호 박물관은 다양한 종류의 창호와
하드웨어를 한눈에 살펴볼 수 있는
공간이다. 평소 그 모습을 확인하기
어려운 창호 하드웨어를 이곳에서는 직접
움직이고 체험하며 재밌게 알아갈 수 있다.
　2층 입구에 들어서면 유명 건축가가
디자인한 창호 손잡이를 시작으로 벽면
곳곳에 수많은 창호가 설치되어 있다.
시스템 창호는 물론 수평으로 회전하며
열리는 피벗창이나 4면이 모두 열리는 창,
전동 배연창 등 독특한 방식으로 작동하는
세계 각국의 창호들을 선별해 전시하고,
하드웨어와 블라인드, 셔터와 같은 차양
시스템도 함께 선보인다. 평일은 물론
주말에도 예약하면 공간 투어와 제품
안내를 받을 수 있다. 때로 창호와 관련된
교육이나 컨설팅을 진행하기도 한다.

주소	충청북도 음성군 맹동면 덕금로 234번길 77-14
운영시간	평일 오전 9시~오후 5시
연락처	1522-7504
홈페이지	www.daga-all.com

독보적인 욕실 브랜드의 쇼룸

융성상사

미국을 대표하는 주방·욕실 하드웨어
브랜드인 콜러의 전시장. 200m²가
넘는 면적의 넓은 쇼룸은 더치마스터
플로랄Dutchmaster floral 컬렉션과 리얼
레인 샤워 수전 등 브랜드의 최신
제품으로 차곡차곡 채워져 있다.
일부 제품은 모던, 럭셔리, 클래식 등
다양한 콘셉트의 욕실 인테리어에 녹여
전시하고 있으니 다채로운 분위기의
공간을 감상하는 재미까지 함께
느껴보자.

주소	서울특별시 서초구 효령로 167 봉성빌딩 1층
운영시간	평일 오전 9시~오후 6시
연락처	02-522-3891
홈페이지	www.yungsong.co.kr

참고자료

논문

• 이정호, 조재웅. "경첩의 형상에 따른 구조 해석을 통한 융합 기술 연구". 『한국융합학회논문지』, 2016, 6, pp. 59-64.

• 최소연. "소비자 요구와 기술특성 중요도를 반영한 soft lift 창호 부품의 개발전략". 한양대학교 공학기술대학원 석사학위논문, 2016.

• 정재민. "창호의 안전 및 품질향상을 위한 Door용 Hardware 공사시방서 개발에 관한 연구". 서울과학기술대학교 산업대학원 석사학위논문, 2012.

• 조숙경, 문선옥. "한국 가구 하드웨어 변화 연구-조선시대부터 현대까지-". 『한국가구학회지』, 2012, 4, pp. 122-129.

보고서

• 한국주택가구협동조합. (2014). "가구 KS 인증제품 실태조사를 통한 국가표준 및 심사기준 정비 방안 연구", 국가기술표준원.

웹사이트

• 가와준코리아 kawajun.kr

• 디라인 www.dline.com

• 로토 ftt.roto-frank.com/int-en

• 블룸 www.blum.com

• 위드지스 www.withjis.com

• 제시 www.gessi.com

• 이케아 www.ikea.com/kr

• 헤펠레 www.hafele.co.kr

• 헤티히 www.hettich.com

• Dnd www.dndhandles.it/en

• FORMANI www.formani.nl/en

• G-U www.g-u.com

• Philip watts design www.philipwattsdesign.com

• PULLCAST www.pullcast.eu

건축재료 처방전

<감 매거진GARM Magazine>은 자신의 공간을 스스로 만들 수 있는
최소한의 방법을 안내합니다. 그 시작은 건축의 가장 작은 단위인
재료에 대한 고찰입니다.
'감'은 순우리말로 재료를 뜻합니다. 감의 씨앗인 '감씨garmSSI'는
감 매거진을 만드는 에잇애플8apple의 출판 브랜드로, 당신의 공간에
적합한 재료를 소개하고 더 나아가 개인의 창조력을 현실화하는
방법을 함께 논의합니다.

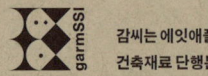 감씨는 에잇애플에서 발행하는
건축재료 단행본 시리즈의 브랜드입니다.